完璧に
なれない。
だからいい

ヘミン・スニム 著

おおせこ のりこ 訳
リスク・フェン 絵

完璧に
なれない。
だからいい

心が軽くなるヘミン和尚のことば

目次

完璧ではないことを受け入れ、不安から解き放たれたとき

本当の意味で自由になれるのです。

禅師 僧璨

プロローグ

　いつまでも心に残る映画にめぐり合ったことが、だれにでもあるでしょう。私にとって『リバー・ランズ・スルー・イット』がそのひとつです。1900年代前半のアメリカ・モンタナ州が舞台の映画で、フライ・フィッシングを趣味とするマクリーン一家の物語。

　牧師の父親とふたりの息子が登場します。兄のノーマンは優秀で大学教授になり、弟のポールは地元で新聞記者をしていましたが、賭け事の深みにはまり借金を抱えたのち、命を落としてしまいます。父親は息子を亡くした喪失感にかられながらも、彼に対する思いを胸に、礼拝で信者にこう語りかけます。

「私たちは、完全に理解することはできなくても、完全に愛することはできるのです」

　父親は、息子のポールがどうして荒れた暮らしをしているのか理解することはできませんでしたが、それでも息子を愛

しつづけました。愛は人間の理解を超えたところにあります。相手のことを理解できなかったとしても、その人のすべてを愛することはできるのです。

　人生は、完璧ではないものであふれています。自分の言動が一致していない、人間関係がうまくいかない、計画通りに物事を進められない……。数えればきりがないほど、完璧ではない自分に不満は出てくるものです。また、だれかを傷つけてしまえば、たとえそれがわざとでなかったとしても、後悔や罪悪感に苛まれるでしょう。

　でも、完璧でないのはあなただけではありません。まわりを見渡しても、おなじことが起きています。親の言うことを聞かない子ども、あなたのことをわかってくれない親、話を聞いてくれない夫や妻、不健康な生活をつづける友人。

　ニュースを見れば、世界中の争い事や事件が目に入ってきます。これらには終わりがないかのように思えるでしょう。

　それでも私たちは、完璧ではないこの世の中で、完璧ではないものを愛さずにはいられないのです。私たちの人生はとても尊いもの。だれかを憎んだり笑いものにすることに費やす時間はありません。

　心が成長するにつれて、共感力も高まり、相手の気持ちになって物事を考えることができるようになります。そして、他人や自分の欠点も、やさしく受け入れられるようになるのです。

ここに、思いやりの気持ちを持てるようになる方法と、私なりの考えをまとめました。自分に対しても、そしてまわりに対してもやさしくなれる心のあり方を書いています。人生のストーリーを共有してくれた人たちや、講演やSNS上で悩みを相談してくれた人たちからも、たくさんの刺激を受けました。彼らが私の心をひらき、知識を深めてくれたのです。

　この本が、あなたが落ち込んでいるときにはそっと寄り添い、つらいときには気持ちを軽くおだやかにしてくれる、そんな心の支えになることを願っています。

ヘミン和尚

1章

大切な自分

SELF-CARE

自分にやさしくすると
まわりにももっとやさしくなれるのです。

自分にやさしく

　あなたはよく褒められる子でしたか？　いい子でいるためにまわりの大人の言うことを聞いて、どんなにつらくても、ひとりでがまんしていませんでしたか？　そして大人になったいまでも、人に気をつかいすぎたり、まわりをよろこばせるために無理をしたり、いやなことをされても思ったことが言えずにいたりするのではないでしょうか。

　私はいままで、心の病に苦しむたくさんの"いい人"に会ってきました。みんなやさしくて礼儀正しく、気づかいができる人たちです。私はなぜこのような、自分のことよりも相手のことを考える"いい人"たちが心の病を抱えてしまうのだろうと思っていました。
　私自身も子どものころ、"いい子"だとよく褒められたものです。おとなしく親の言うことを聞く、いい息子。先生に反抗しない、いい生徒。そのころは"いい子"でいることが、

いいことだと思っていました。でも大学院に入ってから、本当にそれがいいことなのか疑問に感じるようになったのです。

あるとき、みんながやりたがらない課題が、なぜかいつも私のところに回ってきていることに気がつきました。自分はいいことをしているんだと言い聞かせようとしましたが、それがだんだんとストレスになっていったのです。

年上の友人に相談すると、こんな返事がかえってきました。「まずは自分に対していい人になるんだ。そのつぎに、まわりの人なんだよ」

私は雷に打たれたような衝撃を受けました。それまでまわりから自分がどう思われているのかだけを気にしてきたので、自分を大切にしたり、自分を愛したりすることなど考えたこともなかったのです。

私たちは、おとなしくまわりの意見に従う人のことをいい人だと思いがちです。なにか言いたいことがあってもそれをおさえ込むことができる人、相手のことを考えすぎて自分の気持ちを表現することができない人が、いい人に見えるのです。自分の言うことをなんでも聞いてくれる人がいたら、私もきっとその人のことを"いい人"だと思うでしょう。

すべての人に当てはまるとはかぎりませんが、子どものころの環境が大人になっても影響を与えている場合があります。おとなしくて遠慮がちな人なら、支配力の強い父親や、気の強い母親のもとで育ったのかもしれません。きょうだいの真

ん中に生まれた人なら親の気を引くために、家庭環境がぎく
しゃくしているなかで育った人なら親をよろこばせるために、
いい子でいようとしてきたかもしれません。でもまわりに気
をつかいすぎたり、言われたことに従ってばかりいたりする
と、自分でも気づかないうちに自分がやりたいことや欲しい
ものを無視するようになります。

　このように自分の感情をおさえたまま大人になると、本当
はなにがしたいのか、自分とはいったい何者なのかがわから
なくなってしまうのです。いやな思いやくやしい思いをして
もそれをどう表現したらよいのかわからないために、相手へ
の怒りの感情はおさえ込まれ、そのうちに相手ではなく自分
を責めるようになります。
「どうして私はこんなにお人好しで、思っていることをちゃ
んと言えないのだろう？」と。

　どうか心に留めておいてください。あなたが感じているこ
とには、大切な意味があるということを。感情をおさえたり
無視しようとしても、その感情が簡単に消え去ることはあり
ません。おさえつける癖がついてしまうと、感情のエネル
ギーは出口を見つけることができなくなり、しだいに心をむ
しばんでいきます。

　たとえば水は、流れを止められて一ヶ所にとどまるとしだ
いに悪臭を放ち有毒な物質に変わります。私たちの感情もお
なじなのです。

　これからは、まわりが言うことにそのまま従う前に、まず

はあなたの心の声に耳を傾けましょう。どうしてもやりたくなかったら、無理をしなくていいのです。自分をギリギリまで追い込んでまでやる必要はありません。そのかわりに、あなたが感じていることを正直に伝え、理解してもらえる方法を見つけましょう。

　思っていることを正直に言ったら嫌われるのではないか、関係がわるくなってしまうのではないかという心配はしなくて大丈夫。あなたの本当の気持ちを最初から知っていたら、相手は無理なお願いをしてこなかったかもしれません。「みんなコーヒーでいいよね」と言われても、アイスティーが飲みたかったら、「私はアイスティーにする」と言っていいのです。

　まわりに親切にすることはもちろん大切です。でももっと大事なのは、だれよりもまず自分にやさしくすること。このことをどうか忘れないでください。

✳

あなたが思っていることを
きちんと相手に伝える方法を身につけましょう。
これは文字を学ぶのとおなじくらい大切なこと。
自分の気持ちをどう表現したらよいのかがわからなければ
相手への不満がつのり
それまでためていたものが爆発して
関係がこわれてしまうかもしれません。

✳

自分だけが忙しい思いをしていることに
不満を感じているのなら
がまんせずに言ってみましょう。
「ひとりではたいへんなので
すこし手伝ってもらえませんか?」と。
このような練習をつづけていくと
感情をじょうずに言葉にするコツが身についていきますよ。

✳

なにかを頼まれたとき
「ごめんなさい、できません」
と断る選択肢があることを忘れないでください。
つらい思いをしてまでやる必要はないのです。
断ることで仲がわるくなるようなら
もともといい関係になれる
相手ではなかったということです。

＊

まずはあなた自身を大切にしましょう。
それは身勝手なことではありません。
あなたが幸せになれば
その幸せはあなたのまわりにも
広がっていくのですから。

＊

自分を大切にしていると
まわりもあなたのことを
大切にあつかってくれるようになります。

＊

もっと自分のために時間をつかいましょう。
おいしいレストランに行く
お気に入りの本を読む
きれいな景色を楽しみながら散歩をする。
あなたはどんなことが好きですか？
恋人を大切にするように
自分を大切にしましょう。

✳

私たちは完璧ではなく
足りない部分があるから
一生懸命がんばることができます。
この努力が成功の道につながるのです。
自分に欠点があるから、そのつらさを知っているから
人の気持ちもわかるのです。
完璧になれないからといって
落ち込む必要はありません。
あなたの完璧ではない部分こそ
思いきり愛しましょう。

✳

欠点があっていいのです。
私たちの人生が、シミひとつない
まっさらな白い紙のようなことがあるでしょうか。
生きていれば、からだをこわすことも
心を傷つけられることもあるでしょう。
失敗を恐れてなにもしない人生より
失敗や苦労から学び、成長していく生き方を選びましょう。
そして、前向きにがんばっている自分に愛を込めて
「えらいね！」「いつもがんばってるね！」
と声援を送りましょう。

✳

だれもが心のなかに
人には言えない秘密を持っています。
家族のこと、お金のこと、病気のこと、
セクシュアリティ、人間関係。
このような悩みがあると
自分はまわりよりも劣っていると感じたり
恥ずかしい気持ちや罪悪感をおぼえたりするかもしれません。
ひとりで悩みを抱えているから、不安にもなるでしょう。
でもそのおかげで傲慢になることなく
人の気持ちをくみとることができるのです。
人を見た目だけで判断しないようにしましょう。
その人もまた、だれにも言えない心の重石を
抱えているのかもしれないのですから。

✳

SNSで楽しそうにしている友だちを見て
嫉妬してしまうことがありますか？
私たちは人を外見だけで判断しますが
その人の内面まではわかりません。
SNSで見えているのは外側の部分だけ。
友だちもおなじように
あなたのSNSだけを見て
うらやましがっているかもしれません。

＊

自分より高学歴の人や
いい仕事についている人に
劣等感を感じることがありますか？
学歴や職業で成功が決まっているように見えるかもしれませんが
歳をとるにつれ、どちらもそれほど重要ではなくなっていきます。
この先どんな人生が待っているのか
それはだれにもわかりません。
本当の成功者とは
自分の人生に満足している人のことをいうのです。

＊

もしあなたが魅力的に見えないとしたら
それはあなたのコンプレックスが
自分には魅力がないと決めつけてしまっているから。
自信のなさが態度に表れてしまっているのです。
たとえコンプレックスがあったとしても
自信を持って堂々としていましょう。
その自信があなたの魅力につながります。

＊

1位、2位、3位にならなくてもいいのです。
まわりと比べるのではなく
過去の自分と比べましょう。
そして、毎日がんばっているあなたのことを好きになってください。
これからも、自分を信じていきましょう。

＊

批判されたことを悩みつづけていると
しだいに気が滅入り、なにもできなくなってしまいます。
でもそれこそ相手が望んでいること。
そのような人たちに
あなたの大切な人生を決めさせてはいけません。
批判されるたびに、その声に負けない大きな声で言いましょう。
「あなたがなんと言おうと、私はあきらめない！
あとでどっちが正しかったのかわかるのだから」

＊

「あなたのことを知らない人や
なんの思いやりもない人たちからのいいかげんな批判によって
人生が台無しにされることがあっていいのだろうか？」
ホン・ソクチョン
(韓国で初めてゲイであることをカミングアウトした有名人)

✳

まわりが言うことを
なんでも鵜呑みにしていると
相手はあなたを思い通りにしようとしてきます。
言われたことのすべてが
真実だとはかぎりません。
他人の意見に、あなたの人生を
左右されないようにしましょう。

✳

「『おまえには描けないだろう』
そんな内なる声が聞こえてきたら
なんとしてでも描くのだ。
そうすればその声は消える」
ヴィンセント・ヴァン・ゴッホ（画家）

✳

あなたには、愛される価値があります。
特別なことを成し遂げなくても
あなたの存在そのものが尊いから
愛されるに値するのです。

＊

インドで使われる「Namaste」は
「こんにちは」のようなあいさつです。

でもそこには、「あなたの内なる神に敬意を表します」という
美しい意味が含まれています。

私たちは思っている以上に、神聖で尊い存在なのです。

まわりの期待に応えたときだけ
愛される価値があるのではありません。
あなたにはすでに愛される価値があるのです。

君がいてくれるだけで

　オーストラリアとニュージーランドの仏教徒グループから講演の依頼があり、人生ではじめて赤道を越えて旅をすることになりました。ソウルを出発してシドニーとオークランドへ。講演のあとは、大学院生時代にいちばん仲が良かった友人を訪ねることにしていたので、それも楽しみのひとつでした。友人はアメリカで博士号を取得したのち、オーストラリアに戻り教授となったのです。いつか会いに行くと約束してから10年以上が経ち、友人から毎年届くクリスマスカードを見るたびに、その約束を守れていないことを思い出していました。でも、やっとこの日がやってきたのです。講演当日の気温は32度を超えていました。

　現地では、南半球で日当たりのいい家に住みたいなら北向きの家を選ばなければならないこと、夜空には北斗七星のかわりに南十字星が見えることを教えてもらいました。オーストラリアとニュージーランドは私の暮らす韓国とほぼ正反対

に位置しますが、それほどの違いを感じることはありませんでした。現地の人たちも、毎日があわただしく過ぎていく現代社会で、孤独感を味わっていたのです。彼らの悩みや苦しみをやわらげるための教えを話すことができて、嬉しく思いました。

　講演のあと、友人宅へ向かいました。彼はとびきりの笑顔で迎えてくれ、私たちはまるで長いあいだ離れていた家族が再会したかのように、お互いの手をにぎりしめて抱き合いました。昔よりもふっくらして、髪の毛はすこし減りましたが、かつての友人と変わりません。人なつこくてあたたかいところも。学生時代から知っている彼の妻もいて、おだやかな雰囲気のなかでの再会となりました。

　夕日を眺めながらテラスでお茶を飲み、お互いにいつのまにか中年になっていることを笑い合いました。心は学生のころから変わっていないのに、いつのまにか40歳を超えているとは不思議なものです。私たちは、思うままに心の内を打ちあけました。長年の友人を前に自分をよく見せようとする必要はありません。お互いにあるがままの相手を受け入れることができるのですから。

　友人は、この10年間に起きたことから最近の心配事まで、すべてを話してくれました。学生のころから彼は心配性だったのですが、最近それがとくにひどくなり、不安な気持ちを消すために仕事に没頭していると言います。ろくに睡眠もとらずに毎晩のように真夜中までパソコンで作業をしているた

め、こんな状態がつづいたらいつか病気になってしまうのではと彼の妻は心配していました。もちろん彼の勤勉さは学界で認められすぐに昇進しました。でも、仕事があるときは仕事中毒になり、仕事がないときは、仕事がないことに対する不安におしつぶされていたのです。

　夜になり肌寒くなってきたので、家のなかに入りソファに座ると、友人は静かな音楽をかけてワインを注ぎました。そしてとてもつらかった子どものころの話をはじめたのです。
　彼の父親は世間からみれば立派な成功者でしたが、家のなかでは別人で、酒を飲んでは暴力をふるっていました。仕事のストレスをすべて家庭で解消する父親から、友人も暴力を受けていたのです。家のなかの様子は、まるでいまにも割れそうな薄い氷のうえを歩いているようだったと言います。父親が暴力をふるいそうになると母親は逃げ出していたため、友人は残された妹と弟にこのひどい状況を気づかれないように、すべては遊びのふりをしながら面倒を見ていたそうです。いつまた酒を飲んで爆発するかわからない父親を前に、つねにおびえていたと言います。

　私は、彼がいまでも毎日のように不安におそわれ、仕事中毒になっている原因がどこにあるのか考えました。彼を救うためにできるかぎりのことをしたい。そう思いながら、ゆっくりと語りかけました。
「はっきりとひとつの原因を見つけるのはむずかしいんだけ

ど、仕事中毒になる理由のひとつに、子どものころの出来事が影響していると言われているんだ。親から無条件に愛されるのとは逆に、なにか立派なことをしないかぎり愛してもらえない、親の関心を引くことはできないと感じていた子たち。これは、仕事で成功している親を持つ子どもにも当てはまるんだ。親が忙しすぎると、子どもにあまり関心を示さなくなる傾向があってね。こういう状況に置かれた子は、親をよろこばせるためになにができるのか、どうしたら関心を引くことができるのか、いつも考えている。親をよろこばせることができなければ、どんなことも無意味に思えてしまうんだ。

　父親の暴力を受けていた君が、不安な気持ちをどんどん大きくしていったのは当然のことだよ。守るべき母親がその場にいなかったなんて、どれほどしんどかったか。おそらく君は、いつ爆発するかわからない父親から逃れるためには、彼の言うことを聞くのがいちばんだと考えたんだろう。でも、君の父親はもういない。君がいまでも不安におそわれているのは、きっと父親ではなく、まわりからのプレッシャーなのではないかな？　君は求められることのすべてに応えようとしている。期待に応えられなければ、自分には存在する価値さえないと思ってしまっているから」

　友人が深くうなずくのが見え、私はつづけました。
「でも、君にはじゅうぶん愛される価値があるんだ。まわりの期待に応えられたときだけじゃないんだよ。君はいてくれるだけで尊くて大切な存在なんだ。心のなかをのぞいてごら

ん。父親におびえながらふるえている、子どものころの君が
いないかい？　その子をあたたかい愛情でつつみ込むように、
愛のエネルギーを送るんだ。父親の怒りと暴力をたったひと
りで受け入れ、妹と弟を守ろうとしていた小さな君。それが
どれほど苦しいことだったか……」

　ここまで話し終えると、お互いの目に涙があふれていまし
た。友人はしばらく目を閉じたあと、話しはじめました。
「君の言う通りだよ。僕の心のなかにはまだあのころの小さ
な自分がいる。その子は不安におびえていて、愛されずにい
る。そして僕に、お願いだからもうこれ以上無視しないで、
と必死に訴えかけているんだ。これまでずっと心の傷をおさ
え込んだまま、まわりのことばかりを気にしてきた。でもこ
れからは、ありのままの自分に愛される価値があることを信
じないとね」

　数日後、友人の家を離れる前に手紙を残しました。

「学生のころ、君は僕にとって兄のような存在だった。僕が
苦しいとき、いつもそばで助けてくれたよね。君のやさしさ
にどれほど感謝しているか、言葉では言い表せないよ。どう
かこのことだけは忘れないでほしい。君がなにか特別なこと
を成し遂げなくても、僕にとって、君はいてくれるだけで
じゅうぶんなんだ」

私の内なる精霊が
あなたの内なる精霊に
ほほえみかけています。

＊

過去のつらい出来事に
"今のあなた"を決めさせないでください。
これから先の人生も、過去の被害者として
生きることになってしまうからです。
あなたのなかには、過去から飛び出すのを
いまかいまかと待ちわびている大きな力があります。
新しい自分に生まれ変われる力が
あなたには備わっているのです。
過去にありがとうを伝えたら、こう宣言しましょう。
「今日から私はもっと幸せになる！」

＊

自分のことしか考えられない人は
子どものころにじゅうぶんな愛情を
受けてこなかったのかもしれません。
この世は冷たくて思いやりがないものだと感じて
自分で自分を守るのに必死だったのでしょう。
わがままなふるまいをしている人に出会ったら
その人がどんな心の傷を抱えていて
どんな境遇からきた人なのか
理解しようとしてみましょう。

＊

人に認められたいという欲求は
モチベーションにつながります。
私たちは、まわりから認められたくて
いろいろなことをしています。
それは子どももおなじです。
あなたの子に、じゅうぶんな関心をよせて
愛情で守られていることを教えてあげましょう。
その安心感があれば、子どもは
まわりから認められているかどうかを
いちいち気にせずに済むのです。

＊

あなたの子どものひとりが
ほかのきょうだいに嫉妬していたら
その子とふたりで旅行に出てみましょう。
旅行がむずかしかったら、丸一日
ふたりだけでいっしょに過ごしましょう。
おいしいものを食べたり、公園で遊んだり。
そして、その子のどんな言葉にも耳を傾けてください。
子どもは親からじゅうぶんな関心が得られないと
心の問題を抱えてしまうことがあります。
子どもがまだ小さく、まわりからの影響を受けやすい年齢なら
親はこれを未然にふせぐことができるのです。

＊

たまにはすこし贅沢をしてみましょう。
ショッピングにでかけて、おいしいケーキやきれいな花
肌触りのいい上質なニットを買ったり……
ちょっとした贅沢が
私たちの暮らしを明るく照らしてくれます。

＊

特別なときのためにとってある
素敵な食器やキャンドル、万年筆があったら
いますぐ使いましょう。
特別な時間というのは
毎日の生活から切り離されたものではありません。
特別なものを使ったその瞬間が
特別なものになるのです。

＊

小さなことがたくさんの幸せをもたらしてくれると
感じたことがありませんか？
私の場合、黄色とオレンジ色のパプリカがそう。
普通のピーマンよりも高いので
買うのをためらうことがよくありますが
色が大好きで、自分へのごほうびとして買うと
幸せな気分にしてくれます。
しかも、パプリカにはオレンジの３倍の
ビタミンＣが入っていると知っていましたか？

＊

自分のことが嫌いだと
まわりの人にも不満を感じやすくなります。
自分を好きになると
まわりの人のことも好きになります。
まずはあなたが、自分のいちばんのファンになりましょう！

＊

私は人に親切にしたときに
自分のことをすこし好きになります。
自分を好きになれないときは
だれかに親切にしてみましょう。
自分のことを好きになるにつれて
あなたの自己肯定感は高まります。

＊

"限定版" といっても
おなじ工場でつくられたものは何百とあります。
でもあなたはこの世にたったひとり
かけがえのない存在。
どうか自分を大切にしてください。

＊

頭のなかではこんな声が響いています。
「あいつを憎んではいけない」
「自分のために相手を許すんだ」
「友だちの成功をうらやましがるものじゃない」
でも、心もおなじことを思ってくれるとはかぎりません。
頭で考えていることと心で感じていることが
バラバラで苦しかったら、静かに祈りましょう。
祈りはあなたの心をやさしくととのえてくれます。

✳

好きと嫌いは紙一重なことがあります。
その人のことを嫌いだと思っている
理由はなんでしょう。
本当はその人のことが好きなのでは？
こういうときこそ
自分と向き合うのに最高のチャンスです。
人間は遠く離れた月までロケットを飛ばしたのに
いちばん近くにある自分の心のことは
よくわからないままなのです。

✳

まわりの意見に耳を傾けたとしても
最後は自分の心の声に従いましょう。
人の意見に流されて決めたことは
後悔しやすいのです。

✳

韓国には
「考えすぎは悲惨な決断を招く」
という教えがあります。
行動する前からあれこれ考えすぎてしまうと
海に行くはずのボートは、山に向かってしまいます。
直感を信じて、あなたがいいと思う方向に向かって
進むことも大切なのです。

✳

大きな決断に迷ったら
公園を散歩したり
すこし遠出をして美しい景色を眺めたり
信頼できる友だちに会って話を聴いてもらったりしながら
自分の心の声に耳を傾けましょう。
頭より心のほうがはるかに賢いのです。
あなたの心はすでに答えを知っているのですよ。

✳

自分で決めたことなのに
なんだかしっくりこなかったら
すこし時間をおいて
最終的な決断を下すのは待ちましょう。
頭で考えることよりも、直感のほうが
的を射ていることがあるからです。
すこし時間をかけて
ためらっている理由に思いをめぐらせば
答えはきっとあきらかになるでしょう。

✳

だれにでもひとりの時間は必要です。
一日中忙しくはたらいて疲れて帰ってきたのに
家でもくつろぐことができなかったとしたら
イライラして家族につらく当たってしまうでしょう。
でも、どうかそんな自分を責めないでください。
そのかわりに、さっそく明日から
自分だけの時間をつくりましょう。
家に帰る途中、お気に入りのカフェや本屋さん、
お寺や神社に立ち寄ったり
散歩に出て好きな音楽をゆったりと聴くのもいいでしょう。
ひとりの時間は、静けさとともに
おだやかな心を取り戻してくれるのです。

＊

母親が子どもにあたたかいまなざしをそそぐように
あなたの苦しみにやさしいまなざしをそそぎましょう。
ほら、あなたはひとりぼっちではないことに気づいたでしょう。
どんな苦しみのなかにも、愛と癒やしの種が隠れているのです。
あなたはひとりぼっちで
この世に放り出されたわけではないのです。

2章

家族

FAMILY

親、子ども、きょうだいのすることが
理解できなかったとしても
愛することはできるでしょう。
愛は理解を超えたところに
あるのですから。

母親への愛

　私たちはみんな、だれかにとっての大切な子。それは僧侶もおなじです。出家したあとも、多くの僧侶が親とのつながりを大切にしています。

　私も両親に会えるときはできるだけ時間をとるようにしています。でも会うたびにふたりが歳をとったと実感するのはせつないものです。とくに母は白髪がふえて歯の本数も減り、外に出ることもすくなくなりました。

　この世に永遠につづくものなどなにもないとわかっていながらも、母は例外であってくれたらと願わずにはいられません。母はひかえめな性格ですが、明るくてあたたかく、音楽と芸術を愛しています。私と似たところもたくさんあり、読書も大好きです。辛抱強く、逆境にも負けないパワーを持ち、私が多くの人の助けになる活動をしていることを誇りに思ってくれています。

そんなある日父から電話があり、母が病気だと知らされました。母は私を心配させないために、ずっとだまっていたと言います。元気に暮らしているものだとばかり思っていたので、あまりのショックに私は言葉を失い、すぐにすべての仕事をキャンセルして、母のもとへ向かったのです。幸いなことに治療をすれば問題はないとのことでしたが、しばらくのあいだいっしょにいることにしました。私は、いままでまわりのことに忙しくしすぎて両親のことをおろそかにしていた自分を恥じました。

　私の講演会では、最後にみんなで瞑想をします。まず自分の心に愛と祈りのメッセージを送り、つぎに、隣に座っている人と手をつなぎます。目を閉じて、その手が自分の大切な人、たとえば母親の手だと想像してもらいます。そして、その大切な人に愛を込めて、この４つを唱えるのです。

「あなたが幸せでありますように」
「あなたが健康でありますように」
「あなたがおだやかにすごせますように」
「あなたがいつも見守られていますように」

　みんなで静かにこの言葉をくりかえしていると、ほとんどの人が涙を流しはじめます。
　大切な人が健康で幸せに暮らしていることを望みながらも、それをきちんと伝えている人はあまりいません。わざわざ言

う必要はないと思っているからです。でも祈りの言葉をくり
かえすうちに、忙しさにかまけて大切な人とじゅうぶんな時
間を過ごしていないことを後悔しはじめます。

　私もみんなといっしょに言葉を唱えながら、母のことを思
いました。するとどこからともなくこんな言葉が浮かんでき
たのです。

「ママ、ママ。心から愛しているよ」

　無意識のうちに“お母さん”ではなく“ママ”と呼んでいま
した。すこし照れくさかったのですが、この言葉をすぐに伝
えたくて母にメールしました。母は、このような純粋なメッ
セージをもらったことが嬉しくて号泣したそうです。思いか
えしてみれば、最後にこの言葉を伝えたのは、思い出せない
ほど昔のことでした。母はこれからは自分のためだけではな
く、息子のためにも健康になると決めたと言います。

　韓国で人気の小説『Please Look After Mom』（『母をお
願い』）に登場する娘は、母親がいなくなってはじめて、自
分がどれほど母親を愛していたのかを知ることになります。
著者のシン・ギョンスクはインタビューで、「このストー
リーはずっと頭にあったけど、タイトルの“Mother（母）”
を“Mom（ママ）”に変えるまで、なぜかしっくりこなかった」
と話しています。

小説は、娘がバチカン市国へ旅行するところで終わります。娘がピエタ（聖母マリアが息絶えたイエスを抱きしめている像）の前にロザリオを置いて「どうか、どうかママをお願い」と祈るのです。

　母のもとで１ヶ月が過ぎ、いよいよ韓国を離れなければならない日がやってきました。さびしさとやりきれない気持ちでいっぱいになり、ふと気がつくと、愛と守りの母である観音菩薩の名前を、母のために何度も何度もくりかえし唱えていました。

＊

ただ手をにぎってあげるだけでも
その人の痛みをやわらげることができます。
私たちは、深く傷ついたときほど
家族の愛とサポートを必要とするのです。

＊

愛する人が苦しんでいるとき
あなたがあげられるいちばんのギフトは
やさしく寄り添うこと。
花やメールを送るのもいいのですが
静かに手をさすったり
あたたかいまなざしで見つめたり
抱きしめたりすることにはかなわないのです。

＊

私たちが長生きをするようになったのは
病気にならないからではなく
病気になっても治す方法がわかってきたから。
いま病を治そうとしている人も
看病をしている人も
どうか希望を持ちつづけてください。

✳

一日中雨の予報でも
気づくと雨がおさまっていることがあります。
痛みがつらい病でも
痛みがおさまっている瞬間があるものです。
でも「今日は一日中雨になる」
「私は病気なんだ。痛みはずっとつづくんだ」
と言ってしまうと
本当にそうなるような気がしてしまうのです。

✳

自分の人生には
なにかしらの意味があると思いたいもの。
だからたまには、愛してると言われるよりも
必要だと言われたいのです。
それはきっと相手もおなじ。
あなたにとって大切な存在であることを
はっきり言葉で伝えましょう。

＊

最愛の家族を亡くしたとき
もっと看病してあげればよかった
どうして守ってあげられなかったのだろうと
悔やんでしまうもの。
でも、さびしさにおしつぶされそうな夜を
何度も乗りこえたあとにはかならず
もう二度と訪れることはないと思っていた
春がやってくるのです。
あなたの頬に、春の太陽のぬくもりを感じたら
それは「あなたが幸せでありますように」という
旅立っていった人からのメッセージかもしれません。
そう、あなたはちゃんと見守られているのですよ。

＊

大切な人を亡くすことは
まるで生きる目的をなくすようなもの。
でも、永遠につづくものはないという
この世のはかなさを知ることは
大きな学びとなるのです。
いま苦しんでいる人たちへ。
そのつらい経験が
人の世のはかなさを超えたところにある
真理に目覚めるきっかけとなりますように。

✳

いまはどんなにいい関係でも
月日が経てば変わるもの。
親しい友だちが遠くへ引っ越したり
家族のだれかがこの世を去ったりするかもしれません。
あなたの状況も変わるでしょう。
でも、ひとつの扉が閉じたあとにはかならず
別の扉がひらくのです。

✳

「知り合ってすぐに疎遠になる人もいれば
長年のつき合いをして心に宝物を残してくれる人もいます。
私たちはだれひとりとしておなじではないのです」
フラヴィア・ウィドゥン（アメリカの芸術家）

✳

親から子どもにあげられるいちばんのプレゼントは
親自身が幸せであることです。
幸せを感じていない親のもとで育った子は
どんなにがんばっても
自分の親を幸せにすることはできない
自分には価値がないと信じ込むようになってしまいます。
反対に、幸せな親のもとで育った子は
自信に満ちた幸せな大人へと成長するのです。

＊

子どものためと思って
あなたは自分の時間を犠牲にして
いろんなことをがまんしてきました。
それなのに、子どもはあなたに感謝するどころか
自分がやりたいことをできず
いつも親の言う通りにしなければならないことに
腹を立てています。
ここでふりかえってみましょう。
子どものためと思ってしたことが
その子自らが学ぶチャンスを
奪ってはいなかったでしょうか。

＊

人生には、自分の思い通りにならないことが
たくさんあります。
家族や友だちのために祈り、愛することはできても
彼らを自分の思い通りにすることはできません。
また、どんなによかれと思ってしたことでも
それが相手の幸せにつながるともかぎりません。
なにを幸せに感じるかは、みんな違うから。
それぞれの人生にまかせましょう。
いくら相手のためだと思っても、守りすぎてしまうと
その人は人生で必要な力をつけられなくなってしまうのです。

＊

教師は生徒を甘やかしすぎると
その生徒をダメにしますが
これは親子のあいだでもおなじです。
あれこれ手間をかけて育てられた上の子よりも
放っておかれた下の子のほうが
両親思いの子に育つことが多いのです。

＊

思春期の子が親の言うことを聞かず
自分のやり方をがんこに通そうとしていたら
それは自立しようとしているサインです。
だれもが通る道ですから
あまり心配しなくても大丈夫。

＊

子どもは、自分の親はすごいと思いたがるもの。
でも、子どもの機嫌を取ったところで
そうは思ってもらえません。
それよりも、いつも正直で、思いやりを持ち
弱い人を助けて、がまん強く人と接すること。
人として大切な姿を見せることで
あなたの子から尊敬されるようになるのです。

＊

どんな理由があっても
人を笑い者にすることや
弱い者いじめがいけないことを
あなたの子に教えてあげてください。
きちんとした子に育ってほしかったら
そのようなふるまいを決して許さないことです。

✳

暴力でおさえつけようとする人から逃れるには
あなたの行動がすべてです。
その人との関係が苦痛なら
しっかりと線引きをして、その人から離れましょう。
いちど離れてしまえば
あなたの内なる声が聞こえてくるようになります。
あなたはすこしずつ強くなり、自立していけるのです。
人生のたずなをにぎっているのはあなた。
その大切なたずなを
だれにも引っぱられないようにしましょう。

✳

若い人たちから、おなじような悩みをよく聞きます。
自分の親を愛しているのになぜか嫌ってしまうのだと。
このふたつの感情を持つことは
いけないことではありません。
私たちは、好きと嫌いのどちらの感情も
同時に持つことができてしまうのです。

✳

子どもが親のふるまいや性格を変えることは
ほぼ無理でしょう。
親にどんな問題があろうとも
子どもにはどうすることもできません。
その責任は子どもにはないのです。

＊

子どもに無関心な親や
子どもを受け入れられない親のもとで育った子は
そのころ得られなかった愛情を
大人になってから
恋人に求めることがあります。
そして、恋人がすこしでも無関心なそぶりを見せると
子どものころの傷が顔を出し
相手にきつく当たってけんかになってしまうのです。
でも、けんかの本当の原因は恋人ではなく
いままでずっと引きずってきた心の傷。
維持をはらずに、正直に伝えましょう。
「私の親のように、あなたも私をおいて
どこかに行ってしまうのではないかと思うと
不安でたまらない」と。
気にかけてもらいたいという欲求、意地、
そしてつらい思い出が合わさると
ふたりの関係はいとも簡単に崩れてしまうのです。

＊

長年いっしょにいるのだから
わざわざ言わなくても
通じ合えていると思っていませんか？
でも意外なほど
相手のことをわかっていないものなのです。

愛してる。
いつもありがとう。
あなたは私にとって
とても大切な人。

父親とは

　私は父に苛立っていました。「どうしてまだ病院に行って
ないの？　早く行かないとだめだと何度も言ったのに」
　こんな言い方をしてしまう自分がいやでした。でも、心配
でたまらなかったのです。ある秋のこと、韓国の僧院での修
行を終え両親をたずねると、父がとてもやせていることに気
づきました。体重が落ちた理由を聞いても、とくにないと言
い張ります。ただ、胃の調子がわるいから薬を飲んでいると。
私はすぐに胃がんを疑いました。胃がんの初期症状が、体重
が落ちることだと言われているからです。さらに、祖父を胃
がんで亡くしたことも思い出しました。私がどんなに頼んで
も、父は検査を拒みつづけました。
「私は大丈夫だから。それより自分のからだのことを気にし
なさい。おまえは人のためになることをたくさんしている。
これからも多くの人たちを救っていくために、おまえは健康
でなければいけないよ」

しんしんと冷え込む冬にふたたび実家にもどると、父は１ヶ月以上もつづく不調に苦しんでいました。さすがにこのときばかりは自分のからだに異変を感じたようで、ようやく検査を受けることにしたのです。

　私はやりきれない気分でした。どうして父は、自分のからだを大切にしないんだろう？　なぜ自分のことはかまわないから、気にしないでくれといつも言うのだろう？　自分の息子がここまで心配していることを、どうしてわかってくれないんだ……。やりきれなさはしだいに苛立ちに変わっていきました。

　このような感情をいだいているのは、私だけではないようです。親子のあいだでは、母と子よりも父と子、とくに息子とのあいだに複雑な感情が生まれるケースが多いのです。たくさんの人から父親と息子の話を聞くなかで、私はあるパターンを見つけました。もちろんいい関係を築いている人もいますし、この５つがすべてではありませんが、あなたに当てはまるものがないかどうか、考えながら読みすすめてみてください。

　１つめは、父親が絶対主義のケース。家族に愛情を示すことなく自分のルールに従わせます。絶対的な力を見せつけて子どもをコントロールしているため、その子にとっての父親は、まるで立ちはだかる巨大な山のような存在。大人になってからもその恐怖心は消えず、父親の前では落ち着いて正直

に思っていることを話すことはできません。

　2つめは、父親が仕事を失ったり不倫をしたことで、母親が苦しんでいる姿を見ながら育ったケース。子どもは母親に深く同情している半面、父親にはげしい怒りを持っています。父親に対する怒りをおさえ込んだまま成長した子は、大人になってからも父親と普通に会話することはできず、しだいに距離を置くようになります。

　3つめは、父親が自らの努力で成功をおさめたケース。自分が一生懸命やってきたこととおなじことを子どもにもさせようとします。がむしゃらにがんばってきた父親にとって、息子が並大抵の努力をする程度では満足できません。子どもは父親から認められたくて必死になります。そして大人になっても心が休まらず、いつもなにかに不安を抱えています。なにか大きなことを成し遂げないかぎり、自分には愛される価値がないと思っているのです。すばらしい教育を受けて立派な仕事をしているのにもかかわらず、自分に自信がなく、仕事中毒になっている若者によく見られます。

　4つめは、一般的な家庭に生まれながら、子どもが学問の分野で天才と呼ばれている、またはなにか大成功をおさめたケース。こういう子は、父親からなんとなく束縛されていると感じていて、自分の人生を邪魔されることにも苛立っています。自立心が強く自ら進んで行動を起こすタイプのため、

父親から一方的になにかを言われても、ほとんど耳をかそうとはしません。子どもは父親を愛してはいますが、尊敬しているとはかぎらないのです。

　5つめは、小さいころに父親を亡くしたケース。父親がいないことの大きさを子どものころから感じていたため、大人になってもその存在を求めつづけます。父親をヒーローのように記憶していることが多く、なにかしら似たところのある教師や指導者に惹かれる傾向があります。

　なぜ父は、自分のことを大切にせず、健康にも気をつかわないのだろう。どうしてもその答えを見つけたかった私は、父親を自分の親としてではなく、ひとりの人として見てみることにしたのです。すると、祖父の姿が浮かんできました。祖父は、息子である父に愛情や興味をほとんど示さない人で、父は、戦時中に祖父が兄だけ連れて逃げたことを、いまだに心の傷として抱えていたのです。次男である父は、母親と姉妹といっしょに残され、いつも長男である兄だけが特別にあつかわれていました。当時の男性は口数が少なく、大黒柱である男性が威厳を保っていた時代です。
　自分の父親と兄の陰に隠れるようにして育った父は、ずっと自分の存在価値を見出すことができず、いまだに自分には価値がないと思い込んでいるために、ほかの人を優先して、自分のことを後回しにしているのです。私は目頭が熱くなるのを感じました。

検査のあと父から電話があり、幸いなことに、わるい病気ではないことがわかりました。そしてすこしためらってから、こう言ったのです。

「おまえを愛してるよ」

　はじめて父から聞くその言葉に、一瞬にして胸がいっぱいになりました。

　きっと父もこの本を読むと思うので、ここに記します。

「お父さん、僕も愛してるよ。僕が自信を持って前向きに生きられれているのは、お父さんのおかげだよ。心から感謝しています。お父さんの子どもに生まれてよかった！」

愛することに
理由はいりません。

＊

自信をなくして弱気になったら
自分にこう言い聞かせましょう。
「家族や仲のいい友だちにとって
私はかけがえのない存在。
だれかの役にも立つことができる。
私のことをよく知りもしない人に
私の値打ちを決めさせないんだ。
大丈夫。そのうちかならず
自分の価値や能力をわかってくれる人が現れるから」

＊

愛しているのなら
あなたがいいと思ったことをするのではなく
相手があなたにしてほしいと言ってきたことをしてあげましょう。
相手のためと思っていても
そのうらには、相手を自分の思い通りにしたい欲求や
自己満足のためという理由が隠れていることがあるのです。

✴

身近な人の介護をしながらも、人生を楽しむことはできます。
自分のためにすこし時間をつくって
なにかできることはないか考えてみましょう。
あなたに余裕がなくなってしまったら
それはあなたにとっても
介護される人にとってもいいことではありません。
あなたが心身ともに健康でいてこそ
満足のいくお世話ができるのです。

✴

夫や妻、子どもの体重が増えたことが気になりますか？
その問題を解決するためのとっておきの方法は
まずはあなたがお手本になることです。
バランスのとれた食事と定期的な運動をして
健康的に過ごしていれば、家族もきっと
あなたのまねをしたくなることでしょう。

✴

一生懸命がんばったのに気にかけてもらえなかったり
もっとできるだろうと言われたり……
そんなときでも、どうか元気を出してください。
あなたはじゅうぶんがんばったのですから
それでいいのです。
もし、それでも足りないというのなら
あとはその人が自分でなんとかすればいいだけです。

✳

家族になにかをさせたいとき
つい言葉でおどしてしまうことがあります。
「言うことを聞かないのならおもちゃを取り上げるからね」
「もう頼まれても手伝ってあげないからね」
でも、こういう言葉は相手を傷つけ
さらに反発させてしまうだけです。
その場では言うことを聞くかもしれませんが
きっとまたおなじことをくりかえすでしょう。
つぎからは、あなたがなぜそうしてほしいのかを
冷静に話しましょう。
落ち着いてきちんと説明すれば
おどしや忠告のように聞こえることはなくなります。
強制されたことは長続きしませんが
自ら納得してやることは長続きするものなのです。

✳

「私がしっかり稼ぐようになってから
親やきょうだいとの仲が良くなったんですよ」
ある人からそう言われて、なるほどと思いました。
もしあなたの収入が大きくふえたら
そのうちのいくらかを家族にも分けましょう。

✳

家族のあいだで起こるもめ事の多くは
無駄に口を出して
けんかの原因をわざわざつくり出すことからはじまります。
お互いに干渉しすぎないことも大切です。

✳

どんなに身近な存在であっても
聞かないほうがいいことがあります。
「どうしてダイエットしないの？」
「どうしてまだ独身なの？」
「なんで離婚したの？」
「なんで仕事してないの？」
こういった質問は
あなたの心のなかにしまっておきましょう。

✳

「おなじ木から生えた枝でも
大きく成長してたくさんの実をつける枝と
成長できずに小さな実しかつけられない枝があります。
大きな枝は、小さな枝からたくさんの栄養をもらえたから
立派に成長できたのかもしれません。
これは人間のきょうだいにも言えることです。
ひとりが自立していて
もうひとりは自立できずに家族に養ってもらっていたら
自立しているほうは、自分が稼いだものを
横取りされているように感じるかもしれません。
でも今日の成功があるのは
もしかしたら、もうひとりのきょうだいが
陰で支えてくれていたおかげかもしれないのです。
そのことを考えれば、きっと不公平には思わないでしょう」
ミスク・コウ（韓国文学研究者）

✳

身近な存在の人にほど、イライラさせられるもの。
そしてお互いにイライラがつのると
かならず言い合いになってしまいます。
でも、もしかしたら相手はけんかがしたいのではなく
話を聞いてもらいたいだけなのかもしれません。
相手が本当はなにを望んでいるのか
理解しようとしてみましょう。

＊

怒りが爆発しそうになったら
家族のことを思い出してみてください。
あなたの大切な人に迷惑がかかるかもしれないことを。
自分ひとりでは感情をコントロールできないと感じたら
家族のためだと思って頭を冷やしましょう。

＊

子どもが大声で泣いたり騒いだりしていたら
その子だけでなく、その親にも腹を立ててしまうもの。
でも想像してみてください。
もしその子があなたの子どもや身内の子だとしたら？
見知らぬ子どもだと迷惑に感じることも
自分の家族だと思うと違って見えるのではないでしょうか。
「おなかをすかせているのかな？　どこか痛いのかな？」
と泣いている理由をさがし、やさしくあやすことでしょう。

＊

大切な人の力になりたいと思ったら
相手の話によく耳を傾けましょう。
自分勝手に解釈して、一方的なアドバイスをするかわりに
あなたもおなじ経験をしたらどんな気持ちになるのか
想像してみてください。それがどんなにつらいことでも
逃げずにいっしょに乗りこえましょう。
あなたがそばにいてくれることが
その人にとってはなによりも大きな心の支えになるのです。

＊

眠る前に、今日の出来事のなかから
感謝したいことを３つ思い出しましょう。
これを毎晩つづけると、いやなことよりも
いいことを探す癖がついていきます。
２ヶ月後には、あなたの幸福度は
ぐんと高まっていることでしょう。
いい習慣は幸せな生き方につながるのです。

＊

いま目の前にあるものを
じっと見つめてみてください。
それがどんなものであれ
見れば見るほど
不思議と興味をそそられるものです。
慣れ親しんでいる自分の子どもの顔を
世界一愛おしく思うように
日ごろから関心を寄せていると
ありふれたものも特別なものに変わるのです。

＊

捨てられて汚れていた猫も
飼いはじめればすぐに
世界一かわいい猫になるでしょう。

3章

思いやり

EMPATHY

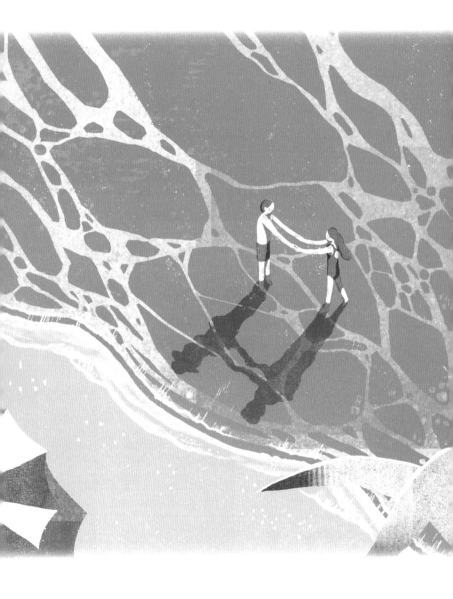

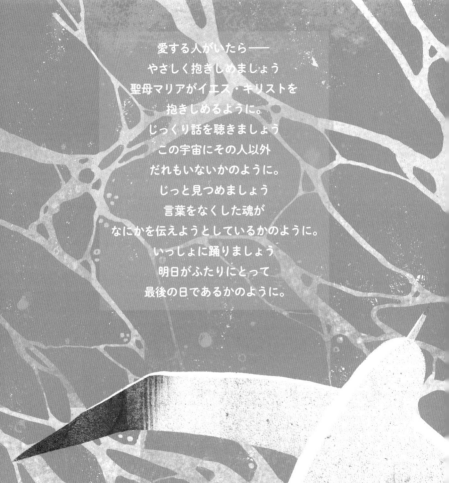

愛する人がいたら──
やさしく抱きしめましょう
聖母マリアがイエス・キリストを
抱きしめるように。
じっくり話を聴きましょう
この宇宙にその人以外
だれもいないかのように。
じっと見つめましょう
言葉をなくした魂が
なにかを伝えようとしているかのように。
いっしょに踊りましょう
明日がふたりにとって
最後の日であるかのように。

抱きしめること

　やさしく抱きしめられるたびに、寿命が一日のびるという
話を聞いたことがありますか？　もちろんそれが本当かどう
かを確かめることはできませんが、だれでもこの意味を理解
できるのではないでしょうか。物事が行きづまったときは、
うまくいかなかった原因をあれこれ並べたてられるよりも、
ただそっと抱きしめられるほうが癒やされるもの。私はあな
たの心の痛みを取りのぞくことはできませんが、どんなにた
いへんなときでも味方になって応援することはできます。こ
のように相手を思う気持ちを表現したいときに、抱きしめる
ことはとても効果的なのです。

　はじめてアメリカに住んだとき、なかなか西洋式のあいさ
つに慣れることができませんでした。韓国のあいさつのよう
にお辞儀をするのではなく、アメリカでは友だち同士は
「Hi（やぁ）」といって軽くうなずく程度です。さらに握手は、

ただ相手の手を握ればいいというものではなく、笑顔で相手の目をしっかりと見るものだということも教えてもらいました。握り方は強すぎても弱すぎてもいけません。

　そして慣れるまでにいちばん時間がかかったのが、"ハグ"することでした。とくに僧侶になってからは、合掌をしてお辞儀をすることが習慣となっていたため、両手を大きくひらいて相手と抱き合うというのはなんだか恥ずかしくて落ち着かなかったのです。でも、あいさつは相手があってするもの。別れぎわに相手が両腕を広げているのに、あなたが握手で済ませようとしたらどうでしょう。相手を戸惑わせるだけでなく、そのよそよそしさが失礼に当たってしまうかもしれないのです。

　すこし時間はかかりましたが、友人や仕事仲間と親しくなるにつれて、抱き合うあいさつにも慣れていきました。不思議なことに、いちど慣れてしまうと最初のころのぎこちなさは消え、あたたかいあいさつに変わっていったのです。

　抱き合うことが健康にもよいことは科学的にも証明されています。シドニー大学の心理学教授であるアンソニー・グラントは、抱き合うことで不安や孤独感が減少すること、さらに、ストレスホルモンと呼ばれるコルチゾールの値も低下するという研究結果を発表しました。コルチゾール値が減少することで、免疫力が高まり、血圧も下がるといわれています。

　ノースカロライナ大学チャペルヒル校のカレン・グレウェンによると、家を出る前に20秒間抱きしめ合った夫婦と、

なにもしない夫婦とを比べたところ、抱きしめ合った夫婦の
ストレス指数は、なにもしない夫婦の半分だったといいます。
　つまり、朝のたった数十秒のあたたかいふれ合いがバリア
となり、その日一日、あなたをストレスから守ってくれると
いうことです。

　ソウルの大型書店でひらかれたサイン会でのこと。ある女
性にサインをしていると、かぼそい声が聞こえてきました。
「ヘミン和尚、私は２ヶ月前に夫を交通事故で亡くしました。
そのことがあまりにもショックで外に出ることがほとんどで
きなくなりました。でも私の姿を見かねた弟が、あなたの本
をプレゼントしてくれたのです。読みはじめてすぐに、涙が
止まらなくなりました。そして、もしあなたに会えたら、
しっかりと生きていく勇気をもらえて、子育てもきちんとで
きるのではないかと思ったのです。だから、今朝早く電車に
乗ってあなたに会いにきました」
　ふるえる声をしぼり出しながら涙をポロポロ流している彼
女を見て、自分でも気づかないうちに席から立ち上がり、両
腕を広げていました。そして彼女を抱きしめながら、こう伝
えたのです。
「ご主人のご冥福をお祈りします。毎日がんばっているあな
たのことを、きっとご主人はやさしく見守っていることで
しょう。お子さんのために一生懸命な姿も、見てくれていま
すよ。いまはさびしすぎて生きるのがつらいと感じているか
もしれませんが、この経験を通じてあなたはさらに強く賢く

なり、これまで以上に人の気持ちがわかるようになるのです。すべてはすこしずつよくなりますから、どうか心配しないで」

　泣いている彼女を抱きしめながら思いました。
　私には足りない部分がたくさんあるけれど、それでもできるかぎり、傷ついた人の心を癒やし、明るい太陽のように、落ち込んだ人を元気づけられる人になりたい。
　私はこれからも、必要な人がいればいつでもあたたかく抱きしめるでしょう。
　あなたの家族や友だちのなかに苦しんでいる人がいたら、やさしく抱きしめてあげてください。もしかしたら、本当に寿命をのばすことができるかもしれません。相手の寿命も、あなたの寿命も。

＊

つらいことを経験したから
人の痛みがわかるようになりました。
過ちをおかしたことがあるから
人の過ちも許せるようになりました。
これまでの経験のすべてが
思いやりの種となりますように。

＊

家族や友だちに愛情を表したかったら
耳を傾けて話を聴くことです。
全身全霊でその人の言葉のひとつひとつを聴くのです。
その態度はかならず相手にも伝わります。
「自分は大切な存在なんだ」
「愛されているというのはこういうことなんだ」
とわかってもらえることでしょう。

＊

愛する人の写真を眺めていると
それまで感じていた痛みがやわらぎます。
だれかが親切にしている姿を眺めていると
そのやさしさに心が癒やされ
幸せな気持ちになります。

＊

大切な人があなたの助けを必要としていたら
ありきたりなアドバイスをしたり
いそいで解決しようとしたりせずに
相手が感じている痛みにそっと寄り添いましょう。
ひとりぼっちではないことをわかってもらうのです。
もしあなたがうわべだけの言葉をつかっているなら
それは相手の苦しみから
逃れようとしているだけかもしれません。

＊

ひさしぶりに会った同級生が話してくれました。
雨が降るなか、妻と子どもが
駅で自分の帰りを待っている姿を見たときに
生きる目的に気がついたと。
本当に大事なものは
私たちのすぐそばにあります。
手がとどくところにあるのに
なぜか忘れてしまうのです。

✳

あるがままのあなたを愛している人と
あなたのやっていることを愛している人がいます。
あるがままのあなたを愛している人の愛情は
たとえあなたが失敗や間違いをしたとしても
変わることはありません。
それが、本当の家族や友だちなのです。

✳

自信をなくしてしまった家族や友だちがいたら
こう伝えましょう。
「あきらめずに最後までがんばったのはすごいことだよ。
その努力こそがすでに成功と呼べるものだよ」

✳

私はあなたに、幸せになってほしいと願っています。
でも、だれかに幸せにしてもらうのを待つのではなく
幸せになると決めたら、自ら行動を起こしましょう。
他人まかせにしていては
いつまでたっても幸せにはなれないのです。

✳

「気分はどう？」と聞かれて返事にまよったら
「すごく元気だよ！」と言ってみましょう。
言葉にした瞬間から
本当に気分よく感じるものです。

✳

疲れているときは
頭がしっかりとはたらきません。
いくら大事な話がしたくても
今夜はたっぷり睡眠をとって
明日にしましょう。
相手が疲れているようなら
あたたかいお茶を出して
そっとしておいてあげるのがいちばんです。

✳

愛する人を自由にしてあげるのも
愛情表現のひとつです。

✳

言葉には大きな力があります。
「これからどんどんよくなっていくよ！」
「すごい才能だ。きっと君はすばらしい作家になるだろう！」
「君の音楽は、いつか多くの人の心に響くものになるよ！」
こういう言葉を言われた瞬間
あなたのなかにある、新しい可能性の扉がひらきます。
言葉には、現実を導く力があるのです。

✳

たとえ本当のことだったとしても
意地悪な言い方をされたら
言われたことをそのまま受け入れるのはむずかしいもの。
私たちは言葉だけでなく
言葉にのせられたエネルギーもいっしょに受け取っているのです。

✳

言葉を選ぶことも大切ですが
言い方はもっと重要です。
表情、態度、声のトーンや大きさによって
相手に与える印象は大きく変わります。

✳

やさしくて思いやりのある言葉より
怒り、暴力、きびしい批判を含んだネガティブな言葉のほうが
強い影響力を持っているように感じるでしょう。
でも、ネガティブな言葉はそのまま発言した人に跳ねかえり
その人を苦しめます。
最後には、自分の行いを後悔することになるのです。

✳

怒りをだれかにぶつけると
それはかならずあなたのもとに返ってきます。
あなたが爆発させた怒りは、相手の怒りとなるからです。
すぐに仕返しをしてこなかったとしても
あらぬ噂をたてたり
時間をかけていやがらせをしたりしてくるかもしれません。
つぎにあなたが怒りそうになったとき
それが与える影響を想像してみましょう。

✳

家がちらかっているのに
片付ける気力がないときは
友だちを家に招きましょう。
だれかが家に来るとなれば
掃除せざるをえませんから。
30分もあれば家中がきれいに片付くことでしょう。

✳

友だちの家に招待されたら
約束の時間よりも5分ほど遅れていくのがいいでしょう。
すこし遅れていくことで相手に余裕が生まれます。
その5分でゆっくりと準備ができるのです。

＊

映画『マイ・インターン』を観て
男性がハンカチを持つのは
自分のためだけではなく
必要な人にいつでも差し出せるためでもあると知りました。

＊

だれかのためになにかをするとき
その人のためにやっているのだと思うのではなく、
自分は人のためになることが好きだからやっているのだ
と思えるようになると
相手からなんのお礼を言われなくても
気にならなくなります。

＊

あなたもだれかに助けてもらったことがあるでしょう。
恩返しをしたいのに
その人がもうこの世にいない場合
あのときのあなたと似たような境遇にいる
若い人に手を差しのべましょう。
あなたのことを助けてくれた人も
きっとよろこびますよ。

＊

著名な僧侶であるポプチョン和尚がニューヨークを訪れたとき
マンハッタンにある素敵な書店に案内しました。
「好きな本を何冊か持ってきなさい」と言われたので
私はよく考えもせずに
勉強のためだからと８冊の本を選びました。
すると年上の僧侶から
１冊にしておくべきだと注意されたため
あわてて本を戻そうとしていると
ポプチョン和尚が言ったのです。
「まだ修行中の僧侶にとって
本は私たちのからだには欠かせない
酸素や食事のようなものなのですよ」
そして８冊すべての本を購入し
私のためにメッセージまで書いてくれました。

「ヘミン和尚。
一生懸命学びなさい。
そしてそのすばらしい教えを、多くの人に広めていくのです」

私は老師たちから、数えきれないほどの恩恵を受けてきました。
自分がそうしてもらったように
私自身も若い人たちに寛容でありたいと思っています。
旅立たれたポプチョン和尚に会えないのはさびしいものです。

愛する人にあげられる最高のギフトは
その人にしっかりと寄り添うことです。

耳を傾けること

　あなたはどんな人に、悩み事を相談しますか？　頭の回転がはやくてよく話す人？　それとも、あなたのそばでじっと話を聴いてくれる人でしょうか。私は後者を選びます。もちろん、自分よりも賢い人に相談すれば客観的に物事を見てもらえるので助かることもありますが、悩みが大きければ大きいほど、理にかなった冷静なアドバイスだけでは満たされない気がするのです。私は自分の悩み事にやさしく耳を傾けてくれる人を求めているのかもしれません。

　そのことを思い出す出来事が、マサチューセッツで教えていたころにありました。当時は教えることに大きな幸せと充実感を感じながらも、文化の違いから、「教授にはなれないだろう」とも思っていたのです。大学には、教授の教えに真っ向から反対意見を言う生徒がいました。もちろん生徒が教授とは別の考えを持つのは当然のこと。どんな意見もよろ

こんで受け入れていましたし、いまでも自分の考えを発言することは大事だと思っています。ただ、当時は直接反論され、論破されることにまだ慣れていませんでした。また、少数ではありましたが、予習をせずに授業に出席するやる気のない生徒もいました。経験の少ない准教授だった私は、とても悩み、落ち込みました。苦手な生徒を好きになれない自分がいやで、うしろめたさも感じていたのです。

　こういうときはかならず、頭がよくてハッキリと物事を言う先輩ではなく、親切で聴きじょうずな先輩に悩みを聴いてもらっていました。なぜ聴きじょうずな先輩を選んでいたのか。それは、ただ単に話を聞く人と、耳を傾けてじっくりと話を聴ける人とのあいだには大きな違いがあるからです。私たちは自然と、相手の表情や態度、声のトーンから、自分を受け入れてもらっているか、わかってもらっているかどうかを読み取っているのです。

　聴き手が話を途中でさえぎったり話題を変えたりすることなく、ただじっくりと聴くことで、話し手はしだいに心をひらきはじめます。話す側は自分がどう思われているのか心配することなく、本当の気持ちを打ちあけることができるのです。

　また、自分とおなじような経験をした人の話を聴くことができると、さらに気持ちは楽になります。悩みを共有できる人がいると、前に進みやすくなるからです。

　私は僧侶であり大学教授でもあるので、仏教の講義や講演をする機会がよくあります。私の冗談に大笑いする人であふ

れることもあれば、無表情でだまって座っている人たちばかりのこともあります。まったくおなじことを話しても、明るく反応してくれる人がいるかいないかで、その場の雰囲気は大きく変わるのです。私と聴衆が一体化しているとき、言葉は流れる川のようにすらすらと出て、みんなを明るいエネルギーで包み込みます。反対に、聴衆があまり受け入れてくれないときは、私の心はしぼみ、準備してきたもの以上の力を出すことができません。このような自分の経験から、"聴く"ことは決して受け身ではないこと、聴く態度が相手に与える影響は非常に大きいことを学びました。相手の話を最後まで真剣に聴くことは、もっとも重要な愛情表現なのです。

　だれに頼まれたわけでもないのに、夜遅くまでSNSに写真やメッセージを投稿する人が多いのはなぜでしょう。それは、今日の出来事や撮った写真、いまの気持ちをだれかと共有したいから。たとえそれがオンライン上の見知らぬ相手だったとしても、だれかに話を聞いてもらいたいのです。彼らは、自分の投稿を見てもらうことで自分の存在を確認しています。私たちはだれからも相手にされないでいると、人生がからっぽになったような、まるで観客のいないステージにたったひとりで立っているかのような気持ちになってしまうのです。
　あなたの家族や友だちのなかに悩んでいる人がいないかどうか、ときどき思いをめぐらせてみましょう。たとえ悩みの解決策が見つからなかったとしても、誠心誠意ひたむきに話

を聴くだけで、相手にとっては心強いものなのです。

心をひらいて
親身に話を聴くことからはじめましょう。
解決策がわからなくても大丈夫。
そばにいて、じっと耳を傾けることが
その人の力になるのですから。
おなじような悩みを持った人が
ほかにもいることがわかれば
さらに大きな励みとなるでしょう。

✳

正しい答えが知りたくて
悩みを打ちあける人はあまりいません。
ただ話を聴いてもらいたいのです。
あなたに相談してくる人がいたら
すぐにアドバイスするのではなく
まずはとことん聴きましょう。

✳

相手のことを変えようとするのではなく
偏見を持たずに
その人のありのままの姿を見つめましょう。
相手を変えようとすると
あなたから見た短所ばかりが
目についてしまうのです。

✳

本当の愛なら
その人のすべてを愛せるもの。
すばらしい部分を愛するのは簡単です。
でも気になるところも含めてすべてを愛することができたとき
"好き"から"愛"に変わるのです。

＊

子どもは自慢するように、傷あとを見せたがります。
それは、だれかにやさしくしてもらいたいから。
傷ついてつらいときや落ち込んだときは
ひとりで抱え込まず
子どもが傷をさらすように
心の痛みを打ちあけましょう。

＊

もう知り尽くしたと思う相手のことは
それ以上、知ろうとはしないもの。
まだよく知らない人のことは
知る努力をするものです。
愛とは、まだ知り足りない、もっと知りたいと思うこと。
もしあなたが愛する人のことを
知り尽くしたと思っているのなら
それは相手をきちんと見ていないことになります。
私たちはつねに変化しているからです。
あなたが見ているのは、いままでのフィルターを通して見た
さっきまでの姿なのです。

✳

仲の良い友だちが陰口を言われているのを耳にしたら
本人に伝える必要があると思いますか？
もし友だちを傷つけるだけだとしたら
伝えることにどんな意味があるのでしょう。

✳

そこにいない人の悪口を言う人は
きっとあなたがいないところでは
あなたの陰口をたたいているでしょう。

✳

欠点を指摘したところで
その人が変わるとはかぎりません。
むしろ相手を傷つけてしまうことがほとんどです。
そのかわりに、長所を褒めましょう。
褒められたところはどんどん伸びて
そのうちに短所を覆い隠してくれますよ。

✳

だれかに会ったら、なにかひとつ褒めましょう。
「元気そうだね」「なにかいいことがあったの？」
「素敵な服だね」「その髪型似合ってるね」
相手を褒めることから会話をはじめれば
その後の物事もスムーズに行くようになります。

＊

冬のマンハッタンでグレーの袈裟を着て歩いていると
たまにこんな声が聞こえてきます。
「なんてめずらしい服！　あれはどこで買えるのかしら？」

＊

冬のある日、こんな広告を見かけました。
「人は暖炉のようなもの」
私たちはお互いにあたため合うことができます。
今日もあなたがだれかにとっての
暖炉となりますように。

＊

つき合っていた人から別れを告げられたとき
多くの人が、裏切りや失望、さびしさを経験します。
つらいときこそ、自分を離れていった人の幸せを祈って
ポジティブなエネルギーを送りましょう。
相手を憎まないことが
あなたの心に傷を残さないための唯一の方法です。

✳

苦手な人が現れたら、こう思いましょう。
「あの人にも、私とおなじように
支えなければならない家族がいるんだ」
「あの人も、私とおなじように将来のことを心配しているんだ」
「あの人も、私とおなじように
だれにも言えない悩みを抱えているんだ」

✳

あなたを悩ます人や
身勝手な行動をする人がいたら
自分のためにくりかえし言いましょう。
「この世にはいろんな人がいて当然なんだ 」

✳

みんなが違う意見を持つのは当然のこと。
自分と異なる意見の人がいたら
「あなたの考えは間違っていますよ」と否定するのではなく
「私は別の考えを持っています」と伝えましょう。
このふたつには大きな違いがあります。
もしだれかがあなたの意見に対して
「それは間違っている」と頭ごなしに言ってきたら
どんな気分になるでしょう。
お互いに違う意見であることを認め合いましょう。

✳

事実を正確に判断するのはむずかしいこと。
私たちは、これまでの経験を通して
物事を解釈するからです。
おなじ話を10人にした場合
10人全員が違った受け取り方をします。
いままでその人がどんな経験をしてきたかによって
聞き取る部分やものの見方がまったく異なるのです。

✳

私たちは、みんな独自の視点を持っていて
それぞれが正しいと思うことをしています。
話に折合いをつけなければならないときは
自分の意見を押しつけるのではなく
こう言いましょう。
「あなたの意見を聞くまで
知らなかったことがたくさんありました。
もっとくわしく教えてもらえませんか？」
説得するかわりに
まずはお互いを理解することからはじめましょう。

✳

悪気がなくても、よく知らなかったことが原因で
相手を傷つけてしまうことがあります。
そんなときは素直にこう伝えましょう。
「ごめんね、誤解していたみたい」

＊

知らず知らずのうちに
だれかを傷つけていることがあります。
気づかずに傷つけてしまった人に対しても
反省すべきなのです。

＊

運転がじょうずな人は
全体的な流れを見ながら
まわりと合流します。
運転がへたな人は
全体を見ることなく
自分の運転のことしか考えていません。

✳

だれかに余計なお世話をしそうになったとき
私は自分にこう問います。
「目の前のことに集中しているだろうか？」
瞑想がうまくいっているときは
自分に集中しているため、人のことは気になりませんが
瞑想に集中できないときは
心はさまよい、人の欠点が気になりはじめます。
でもすぐに
これは自分の欠点が映し出されたものだと気づき
「私はなぜ僧侶になったのか」
その初心を思い出して修行にもどるのです。

4章

人間関係
RELATIONSHIPS

世界はつながっていて
みんなが支え合って生きています。
だから、だれかが傷ついているのを見ると
おなじようにその痛みを感じるのです。

修行中の出来事

　秋の修行が僧院ではじまりました。９月の朝晩はすこし冷え込みます。ここに100人の僧侶が集まり、一日何時間も瞑想をするのです。毎朝午前３時に起き、仏殿で早朝のおつとめをします。仏殿までの道には月明かりが降りそそぎ、山のさわやかな空気と僧院を取り囲む澄んだ水の音は、すべての僧侶の意識を“いま・ここ”に集中させてくれます。

　私は料理を並べる係として、７名の班のリーダーになりました。まじめでしっかりとしたメンバーばかりで、まとまりもよく仕事もはかどっていました。

　ある日のこと。忙しく昼食の準備をしていると、年上の僧侶から外の階段を掃除してほしいと言われ、私は疑問に思いました。——私の仕事は料理を並べることなのに、どうして外の掃除をしなければならないのだろう。みんなが忙しいのは見ればわかるはずなのに、ほかの仕事をさせようとするなんて思いやりのない人だ。だれだって、自分の仕事ではない

ことを指示されるのがいやなことくらいわかっているはずなのに。そんなに気になるのなら、自分でやればいいじゃないか！

　昼食の準備を終えたあと、言われた通りに掃除をしに行きました。頭のなかでは「自分がやりたくない仕事を年下のものにやらせるような人は、そもそも僧侶になるべきじゃないんだ」などと思いながら。でもいざはじめてみると、ものの5分もしないうちに終わってしまったのです。なんということか、こんなに簡単に終わるのなら最初からイライラせずにやればよかった……。急に自分が恥ずかしくなりました。

　私たちは、起きていることそのものよりも、それに逆らおうとするから余計に苦しむのです。実際にやりはじめてみると、思ったより簡単に済んでしまっておどろくことがあるでしょう。でも嫌々やると不平・不満が次々と湧き出てきてネガティブ思考のスパイラルにはまり、ゆくゆくはそれが悩みの種となりストレスになるのです。

　あなたを利用しようとしてくる人がいるのなら、それははっきりと伝えるべきです。でも自分ではどうすることもできないことや、変えるのがむずかしいことなら、いったんひと呼吸おきましょう。どうしようもない状況をあれこれ考えても、イライラしたり、苦しくなったりするだけです。韓国の著名な禅師であるソンチョル（1912-1993）は、いま起きていることをそのまま受け入れることで、心の平安を得ることができると教えてくれました。わざわざ余計なことを考え

て自分を苦しめる必要はないのです。

　僧院では、もうひとつの気づきがありました。夕食時は年齢順にテーブルを囲むため、私は毎晩おなじ僧侶の前に座ることになったのですが、彼はよそよそしくていつも無表情。はじめのうちは仲良くなろうと思って話しかけていましたが、返ってくる答えは短いものばかりで早く会話を終わらせたいようにも見えたので、私はそれ以上話しかけるのをやめたのです。

　なにか気にさわることをしてしまったのだろうか。そんなことを気にしながら2週間が過ぎたある日のこと。僧院の図書室にいくと、僧侶がひとり読書をしていました。私たちはおなじテーブルに座りながらも、あいさつを交わしたり会話をすることはありません。このとき、ハッとしたのです。こうして無表情で座っている私の姿と、夕食時に私の前で静かに座っている僧侶には、何の違いもないではないかと。いま向かいにいる僧侶からしたら、私は無表情で冷たく見えているかもしれないのです。でも、彼がなにか気にさわることをしたとか、私が彼を嫌っているとか、そんなことはまったくありません。私は単に目の前の経典に集中しているだけ。ということは、毎晩顔を合わせるあの僧侶も、私のことをとくになんとも思っていないのかもしれないのです。

　それから3週間後、例の僧侶といっしょにお茶を飲むことになりました。すると彼はりんごを切って差し出してくれた

のです。彼の顔におだやかな笑みが浮かんでいるのを見て、私は図書室での気づきが正しかったことを確信したのでした。

　人がとる態度や行動には、特別な意味を持たないことがあります。それなのに私たちは、「あの人は私のことをこう思っているに違いない」と決めつけたがります。相手はそんなことをちっとも思っていないかもしれないのに、自分の不安な気持ちがそうさせるのです。そして、その勝手な思い込みから、しまいには相手を嫌い、憎んでしまうことすらあるのです。

　食事の片付けを終えたあと、美しい松の森をゆっくりと散歩しました。するとどこからともなく、感謝の気持ちが湧いてきたのです。心が静まり、さまざまな思考から解放され、いまここにあるすべてのものに感謝せずにはいられませんでした。
　9月の日中は、すこし肌寒く感じる朝晩とは異なり、まだ夏の終わりの暑さを残していました。

✳

だれかといっしょに住むことが
修行のように感じることがあるでしょう。
自分のやりたいことをがまんして
気をつかわなければならないから。
でも、文句を言うのではなく
相手のありのままを受け入れて、理解しようとすることも
あなたの心を育てるための
大切な修行なのです。

✳

相手のいやなところばかりが気になって
もう縁を断ちたい……
そんなとき、ひと呼吸おきましょう。
はずみで最後のひとことを言い放って
取り返しのつかないことになる前に。
「あんなことを言わなければよかった」
と後悔しないために。

✳

気にかけてくれる人がいるから
愛を感じることができ
生きる目的を持つことができます。
私たちはみんなだれかを必要としているのです。
つまり完璧な人などいないのです。

＊

本気で好きなら
その人をコントロールしようとするのではなく
いっしょに楽しい時間を過ごしましょう。
そうすれば、相手はまたあなたに会いたくなるもの。
お互いに楽しい時間を過ごせれば
その関係は長くつづくのです。

＊

どちらもおなじくらい惹かれ合っているのがいちばん。
片方だけが熱をあげていると
もう片方はうっとうしく感じたり
負担に思ったりしてしまうものなのです。

＊

お互いにすばらしい第一印象だったのに
なぜかすぐに別れてしまうのは
ありのままの相手の姿を見ていたのではなく
自分の理想像に重ね合わせた相手を見ていただけだから。

＊

急に親しくなった友だちは
いとも簡単に
離れていってしまうかもしれません。
親しい仲だから
なにを言っても平気だと思っていると
それが相手を大きく傷つけてしまうことがあるのです。

＊

親しくなっていっしょにいる時間がふえたとたんに
その人のことを嫌いになることがあります。
いっしょにいることを息苦しく感じたり
自分がいることがあたりまえだと思われていることが
いやになったりしてしまうのです。
愛情や信頼が育つまでには時間がかかります。
また会いたい、恋しくてたまらないと
思う日がくるまで
すこし待ってみましょう。

✳

ただ待っているだけでは
フランス映画『アメリ』のように
運命の人が突然目の前に
現れることはないでしょう。
すでに恋人がいるのなら
いい関係を長続きさせるための
努力をしましょう。
だれかと出会い
長くいい関係をつづけるためには
それなりの行動と努力が必要なのです。

✳

好きな人がいるのに両思いになれない、
それほど興味がない人から告白された、
両思いなのにまわりが邪魔をする……
恋愛はなかなかうまくいかないもの。
でもあきらめずに努力しつづければ
あなたの望みはきっと叶いますよ。

✳

「ヘミン和尚、やっとわかりました。
運命の人に出会えるチャンスは
10分の1。
9人に出会ってはじめて
おなじように惹かれ合う人に出会えるのですね」

✳

おそらく"ソウルメイト"などいないでしょう。
相手との関係を保つために努力をして
長年いっしょにいてやっと
その人が"運命の人"となるのです。

✳

心から愛している人がいたら
毎晩こうささやきましょう。
だれよりもあなたを愛してる。
昨日よりももっと愛してる。
あなたを思う心から
私の一日がはじまる。

＊

会いたかった人にやっと会えたとき
待った分だけ嬉しさは倍増するもの。
物事がはやいスピードで進むなか
待たなければならない時間は
長く感じるかもしれません。
だからこそ、会えた瞬間が特別なものになるのです。

＊

本当に好きなら
忙しいなんて言い訳はしません。
本当に好きなら
どんなに忙しくても時間はつくるもの。
もし相手がいつも忙しくて時間がないと言ってくるのなら
その人とは別れてしまいましょう。
あなたにはもっとふさわしい人がいますから。

＊

デートのあと、なぜか毎回
傷ついたような気分になることがありますか？
それは、あなたのほうが相手のことをもっと好きだから？
もしそうだとしたら
すこしのあいだ距離を置いて
自分のことに忙しくしていましょう。
真の恋愛関係になれる相手なら
相手のほうから会いたいと言ってくるでしょう。

✳

叶わぬ恋だとわかっているのに
相手の気持ちを変えることに執着する。
これほどつまらないことはありません。
その人のことはあきらめましょう。
そうすれば、別の人が現れますよ。

✳

好きな人との別れは
とても辛かったでしょう。
でも冷静にふりかえってみると
最初からなんとなくその人とは
うまくいかない気がしていたのではないでしょうか?

✳

相手に期待すればするほど
お互いの関係がこじれていくもの。
最近うまくいっていないと感じたら
この質問をしてみましょう。
相手かあなたのどちらかが
期待しすぎてはいませんか?

✳

「私はこんなに尽くしているのに
どうしておなじだけ尽くしてくれないの？」
そんなふうに思ってしまうのなら
最初から尽くさないことです。
もしくは、見返りを期待しないで済む程度に
おさえておくことです。
相手からのお返しを求めているようでは
いい関係は築けません。

✳

家族や友だちを頼りにしすぎたり
彼らの人生に関わりすぎたりすると
自分が傷つくことがあります。
人間関係は炎のよう。
すこし距離をおくことも大切なのです。

＊

執着を愛のように感じるかもしれません。
でも執着には
相手を自分の思い通りにしたいという
自分勝手な欲望がふくまれています。
ありのままの相手を受け入れるのが愛、
コントロールしようとするのが執着です。

＊

人間関係で悩んだら
ただ歯を食いしばってがまんするのではなく
相手が自分と違う考えを持つことは
当然だということを理解しましょう。
たとえおなじ環境で育ったきょうだいでも
性格や考え方は異なるものです。
あなたの考えに従わせようとするのではなく
お互いに違ってあたりまえなんだと思って
心にゆとりを持たせましょう。

＊

つき合いはじめのころは
自分と違うところがおもしろいと思っていたのに
いまとなってはその違いが
いざこざの原因になっていることはありませんか？

＊

心から愛していた人を
急に嫌いになることがあります。
そんなとき、私たちの心は気まぐれで
愛ははかなく、いかに条件付きなものか
ということに気づくのです。

＊

忘れないでください。
心ときめく恋には
憎しみと嫉妬、切望と悲しみ
そして嫌悪と後悔さえも含まれていることを。
すべてはおなじ船の乗客なのです。

＊

あなたとつき合う前の恋愛事情を
相手はどんなふうに話しているでしょうか。
あなたとすこしでもうまくいかなくなったとき
相手はきっとおなじような調子でだれかに話すでしょう。

足りない部分はきっとだれかがおぎなってくれるはず。
そんなふうに自分のことを
三日月のように思わないでください。
あなたが満月のようにひとり立ちしていれば
おなじような人が現れるのです。
ふたりでひとつの満月をつくろうとして
相手に合わせる必要はありません。
満月をふたつ、つくりましょう。
そうすることで、お互いを尊重し合いながら
自分も相手も明るくかがやかせることができるのです。

失望したとき

「人生でいちばんの悩みはなんですか?」と聞かれたら、多くの人が「人間関係」と答えるでしょう。2人のあいだで問題が起こることもあれば、第三者が現れて関係を崩されることもあります。いい関係を維持するのはむずかしいものです。私の場合、たとえ長いつき合いだったとしても、相手に失望したときにとても悩みました。こういう気持ちはきちんと伝えないと、あとからかならず問題になるのです。これは警報のようなもので、しっかりと対処しないとその人との関係が終わってしまうことを教えてくれています。

　でも、ほかの感情と違って「がっかりしたこと」は言い出しにくいもの。こんな小さなことを気にするなんて、自分はなんて小さい人間なんだろうと思う一方で、なにも言わずにがまんすると、かならずわるいほうに向かってしまうのです。私たちは、落ち込んだときには悩みを打ちあけることができますし、さびしかったら泣くことができます。でも、がっか

りしたことを話すには、相手に失望した理由を説明しないとならないため、とてもむずかしいのです。

　私のところに相談にくる人たちも、いろいろな形で失望した経験を持っています。たとえば、子どもは親が約束を守らないとがっかりします。また、私が話を聞いた父親の多くは、家族から自分が存在しないかのようにあつかわれることに失望し、妻は自分の夫が味方をしてくれないときに、裏切りと失望を感じています。カップルだったら、つき合いはじめのころはやさしく話を聴いてくれていた相手が、いまではちっとも聞いてくれなくなったことに。会社では、同僚や部下から軽くあつかわれたときや、上司に自分の仕事を認めてもらえなかったときに失望しているのです。

　失望は、自分の期待が満たされなかったときに生まれます。でも私たちは、自分が相手に望んでいることをはっきりと伝えることはほとんどありません。それなのに相手が自分の気持ちをひそかに読み取って、期待に応えてくれることを望んでいます。そして望み通りにいかないとこう言うのです。「いちいち説明しなくても、私がどうしてほしいかくらい見ていればわかるでしょう？」当然ながら相手がなにを望んでいるのかは、教えてもらわないかぎりわかるはずがありません。テレパシーが使えるのならともかく、いったいどうしたら相手の心をはっきりと読み取ることができるというのでしょう。

　自分が失望したことを言わずにがまんしていると、その感情は別のものに変化します。たとえば怒りや嫌悪、さらには

恨みにまで発展してしまうことがあるのです。失望感は自分のなかにため込まずに、しっかりと相手に伝えるのがいちばんです。そして、伝えるときには攻撃的になったり、相手を責めたりしないように気をつけましょう。相手が怒っているときもいいタイミングではないため、お互いが冷静になり、落ち着くまで待ちましょう。

　このときに間違っても過去の話を蒸し返してはいけません。あなたがいま感じていることだけを話すのです。最初は違和感があるかもしれませんが、しだいにふたりで落ち着いて話をする方法が身についていきます。

　最後に、もしあなたが頻繁に失望感を味わっているのなら、いちど自分を客観的に観察してみましょう。だれかに期待したことがその通りにならなかったからといってがっかりしていませんか？　自分の幸せはだれかが運んでくれるものだと期待してはいないでしょうか。

　人に認められたい、関心を持ってもらいたいと強く望みすぎてはいませんか？　もし自分に失望することが多いなら、自分に対して期待しすぎていないかどうか考えてみましょう。その期待値は合っているでしょうか。

　自分のことを理解できるようになると、たとえ失望することがあっても、すこし気楽に考えられるようになります。そしてありのままの自分を受け入れて、自分自身を愛せるようになるのです。

＊

あなたの本当の気持ちを伝えましょう。
はじめは相手がおどろいたとしても
あとになれば本当のことを教えてもらったことに
感謝してくれるでしょうから。
真実は、話す人と聴く人
どちらの心をも自由に解放してくれるのです。

＊

本当の友だちや仕事仲間なら
いいことだけを言うのではなく
あなたがあきらかに間違っているときには
そのことをきちんと教えてくれるでしょう。

＊

あなたが望む通りに相手がしないからといって
文句を言うのはやめましょう。
そもそもの問題は
まわりがあなたに合わせて当然だという考えに
あるのかもしれません。
いつもあなたに合わせてくれる
そんな聖人のような人はいないのです。

＊

人間関係のストレスの原因は
ほとんどがコミュニケーション不足によるもの。
会話をしなくなると
お互いになにを考えているのかがわからなくなり
そこから誤解が生じるのです。
どんなときでも
会話が大切なことを忘れないでください。

＊

あなたと話したいと思っている人がいるのに
冷たくあしらいつづけていたら
その人との関係は当然わるくなっていくでしょう。
また、わざとだれかを無視したとしても
相手はそのことにすら気づかないかもしれません。
どちらにしてもいやな思いをするのはあなた。
自分のためにもあなたから話しかけましょう。

✳

いい仕事とお金は、満足した暮らしを送るために大切です。
でも、まわりのみんなとうまくいっていて
人から感謝されたり、自分が受け入れられていると感じたときに
私たちの心はもっともおだやかになり
満ち足りるのです。

✳

自分のことを忘れて、相手のことを思っているときに
いちばんの幸せを感じることがあります。
感謝の気持ちが湧いてきたときには
自分のことではなく、その人のことを思っています。
いつも自分のことばかり考えている人は
うぬぼれて、傲慢になっていくのです。

✳

あなたが最近ありがたいと思った人を
ひとり思い出してみてください。
思い浮かんだら、いますぐお礼のメッセージを送りましょう。
ありがとうの言葉を綴っているうちに
あなたのなかに幸せな気持ちが湧いてきます。
しばらくしてから届く相手からの返事は
きっとあなたを笑顔にしてくれることでしょう。

＊

新しいカレンダーやスケジュール帳を買ったら
大切な人の誕生日を書き込んで
その日がきたらお祝いのメッセージを送りましょう。
いい人間関係を保つことは
あなたの幸せの源になるのです。

＊

私は、自分の人生に
なにか壮大なものが用意されているとは思っていません。
毎日の人との関わりが私の人生そのもの。
だから、まわりの人たちを大事にしなければなりません。
彼らも私の人生という物語のなかで
大役を演じているのですから。

＊

私たちは、自我を超えて
いつか宇宙とひとつになりたいと願っているもの。
だから、だれかとなにかを共有できたときに
つながりを強く感じて、幸せな気分になるのです。
もっと幸せになりたい、もっとだれかとつながりたいと思ったら
どんなことも自分のなかにしまっておくのではなく
分け与えましょう。
それを宇宙の流れに乗せたら、これからどんなことが起こるのか
わくわくしながら待つのです。
きっと素敵なギフトがあなたのもとに届くでしょう。

✳

人間関係を円滑にする簡単なコツは
自分が受け取る以上に、相手に与えること。
私たちは、もらえばもらうほど恩を感じ
その人のことを好きにならずにはいられないのです。

✳

よりよい関係を築きたかったら
自分が与えた恩は忘れましょう。
見返りを求めていては
いい関係にはなれないのです。

✳

頼み事をするとき
賢い人は
まず自分が相手にしてあげられることを考えます。
愚かな人は
権力者や著名人の名前を使ったり
こちらが断りにくいように仕向けたり
何度もしつこく頼みにきたりするのです。

＊

頼まれてもいないのに
その人が抱えている問題を
解決しようとしないことです。
あなたは人助けのつもりでも
その人が自分の力で
なんとかしようとしているところを
邪魔してしまうかもしれないのです。

＊

家族のなかでいざこざが起きたら
だれの味方にもつかずに
それぞれの言い分をよく聴きましょう。
問題をこじらせて
家族のだれかを傷つけてしまわないために。

ストレスだらけでつらいときは
こう想像してみましょう。
いまの状況が台風だとしたら
あなたは台風の目。
まわりの強風に巻き込まれないようにしながら
静かな台風の目から放たれる
知恵に従いましょう。

＊

人よりも自分のほうが優れていると思うのは
自分になにかしらの劣等感があるから。
優越感は、劣等感があるから生まれるのです。

＊

ある人に会うと
日ごろの劣等感をさらに強く感じることがあります。
たとえば、ビジネスで成功した友人
自分より高学歴の同僚
お金持ちの親戚。
でも、外から見える部分以外のところにも目を向けてみると
あなたがうらやましいと思っていることも
その人にとっては大きな悩みの種かもしれないのです。

＊

その人が本当はどんな人なのかは
見た目、学歴、肩書きなどからはわかりません。
ユーモアにあふれているのか
親切で思いやりがあるのか
誠実で後輩や部下にやさしいのか
または恵まれない環境にいるのかは
うわべからは見えないこと。
こういうことを知ってはじめて
その人がどういう人なのかがわかるのです。

＊

はじめは言葉だけで相手にいい印象を与えられるかもしれません。
でもそのあとの行動がともなわなければ
言葉の意味はしだいに薄れていくものです。

＊

不幸な人とはどんな人でしょう？
それは、人のあら探しばかりする人です。

＊

噂話になったとき
噂をされている人よりも
話をしている人のほうが
自分のことをさらけ出していることがよくあります。
人は、自分が気になった部分を取り上げて話をするもの。
だからその人がどんなことを気にする人なのか
ばれてしまうのです。

＊

会ったこともない人が
あなたのことをあれこれ言っているとします。
でもそれは、その人が
勝手に想像して言っているだけのこと。

＊

話し合いの席で、ある人に対する批判が出たとき
年配の僧侶が立ち上がって言いました。
「ここにいない人について話すことに
いったいどんな意味があるのでしょう？」

＊

「内緒なんだけど……」ではじまる話には
二通りあります。
相手からの信頼を得たくて
秘密にするほどではないことを話す場合と
単に秘密をばらすことに
よろこびを感じている場合です。

＊

ある友だちとは
有名人の噂話で盛り上がります。
別の友だちとはお金の話を
さらに別の友だちとは政治の話を
そしてまた別の友だちとはスピリチュアルな話をします。
"あなた"はひとつに固定されたものではなく
いっしょにいる人によって自由に変化しているのです。
あなたがいちばん自分らしくいられる人とのつながりを
深めていきましょう。

＊

お寿司にはお茶がよく合いますが
お寿司に合わない飲み物もあるでしょう。
正しい組み合わせをすることが成功の鍵となるのです。

＊

あまりにも納得がいかないことをされたら
それはおかしいとはっきり伝えましょう。
いちどでだめだったら、もういちど。
ほかの人がおなじことをされないためにも。
そして、あとはできるだけ早く忘れることです。
済んだことをいつまでも引きずっていると
せっかく訪れたいいチャンスを逃してしまいます。
新しい気持ちで、過去ではなく
いま目の前にあるものに焦点を合わせましょう。

＊

人間関係のもつれを解消するのは
たやすいことではありません。
相手は自分を変えてまで
あなたに合わせようとはしないでしょうし
あなたはいままで傷つけられてきたことを
簡単には許せないでしょう。
できることは、お互いを理解しようと努力することだけ。
まだ知らないことや気づいていないことが
あるのかもしれないのです。
話し合ったからといって
すぐに解決するのはむずかしいかもしれません。
でも、お互いが分かり合えるようになったとき
いままでよりもずっと
やさしい自分がいることに気づくでしょう。

5章

勇気

COURAGE

きびしい試練の波が押しよせてきても
投げやりにならないでください。
心が落ち着く場所に行って
静けさに身をまかせましょう。
心が深い沈黙にふれたとき
あなたの奥底には
試練を乗りこえるのにじゅうぶんな
知恵と力があることに気づくでしょう。

まだ若きあなたへ

　あなたが肩を落とした姿を見るたび、元気のない声を聞く
たびに、私の心は痛みます。最近どうしていますか？　あい
かわらず学校や職場で長い一日を過ごしていますか？　勇気
を出せば自分の運命は自分で変えられるということを、だれ
も教えてくれなかったのかもしれませんね。

　どんな人生でも決めるのはあなた。それなのに、まわりの
期待や社会の基準に合わせた人生を歩むべきだと、親や先生
から教えられてきたのではないでしょうか。ミュージシャン
になりたい、アーティストになりたい、世界中を旅したい、
だれかと真剣につき合いたい。そんなことを言ったら、きっ
とこう返されるでしょう。「いまはまだ早い。まずはしっか
り勉強しなさい」と。そして待ちに待った大学生活がはじま
り、これでやっと自分の人生を生きられると思ったら、こん
どはキャリアのための準備が待っていて、研修に参加したり、

資格を取るための勉強にも追われたりします。次々と湧いてくるさまざまな理由によって、またもや自分の人生を歩むチャンスを逃してしまうのです。

　私たちは自分の将来のために"いま"を犠牲にするのはあたりまえだと思っています。明るい未来のその日のために、いまは辛抱するべきだと。そして将来のことばかりを優先して、その過程を楽しむことを忘れてしまっているのです。でもそのうちに、いまがまんしていることが将来の夢にちゃんとつながっているのかどうか、疑問に思う日がくるでしょう。仮に夢が叶ったとしても、人とのつながりや楽しい時間、さらには健康までをも犠牲にするほどの価値はあるのでしょうか。それに、叶った夢があなたの夢ではなく、親や先生の夢だったとしたらどうでしょう。世間のいう成功というものに、ただ合わせようとしているだけだとしたら？

　運良く憧れの会社に入ったとしても、入社したてのあなたの意見を尊重してくれる先輩はきっと少ないでしょう。最初はわからないことだらけ。何度も質問しているうちに先輩はイライラしてきて、あなたのものわかりのわるさを叱るかもしれません。そして、「この仕事は自分には向いていないのかもしれない」「もしかしたら自分は親を満足させるためだけに生きているのではないか」などと思いはじめるのです。

　私も似たようなことを経験してきました。高校生のころは悲惨なほどひどく落ち込んだものです。いい大学に入りさえすれば、家族や友だちから成功者として見てもらえる。世間

からも尊敬され、すばらしい仕事が待っていると教わりました。私は社会から認められ、尊敬されることを強く望みました。私の家は裕福ではなかったため、自分がだれよりも一生懸命勉強に打ち込めば、その状況を変えられると思ったのです。でも博士号を取ってからわかったことは、学者になることは自分が期待していたほどのものではなかったということ。学者になっても、自分が生まれてきた理由はなんなのか、自分とはいったい何者なのか、という人生の疑問に対する答えを見つけることはできませんでした。そこでやっと、自分が望む人生を歩んでいないことに気づいたのです。

いろいろな人から、「僧侶になるには相当な覚悟や勇気が必要だったのではないですか？」と聞かれますが、私は社会が決めた"成功"の基準に合わせて、まわりの期待に応えるだけの人生に疲れ切っていました。もうこれ以上自分の人生を無駄にしたくなかった。それよりも、「自分はなぜ生まれてきたのか？」「死んだらどうなるのか？」といった質問の答えを見つけたくて、仏教の教えを学ぶことにしたのです。もっとたくさん瞑想をして、おなじ志を持つ人たちと質素な生活がしたいと思いました。

　私の決断は身勝手にも、勇気があるようにも見えたことでしょう。とにかくたったいちどだけ、人生のうちの一瞬でもいいから、後悔しない道を歩みたかったのです。まわりからどんなに軽蔑されたり笑い者にされたりしたとしても、自らが選んだものだったら、自信を持って自分の人生を愛していると言えるのですから。

　まだ若きあなたへ。あなたの人生、あなたが望むように生きていいのです。親や世間の期待にしばられることなく、自由に自分の未来を切りひらいて、あなたにとって意味のある生き方をしてください。「君には無理だ」「そんなことするべきじゃない」「どうせうまくいかない」と忠告してくる人がいたとしても、彼らがあなたの人生を生きるわけではないでしょう？

　なにか新しいことをはじめたり自分の好きな道へ進もうとするとき、まわりは反対するものです。「本当にこれでいい

のかな?」そんな弱気の虫が顔を出したら、勇気を持って自分に向かって笑顔で言いましょう。「大丈夫！これでいいんだ！」

　たとえ失敗したとしても、そこから多くのことを学ぶでしょう。さらに言えば、若いうちにたくさん失敗しておいたほうがいいのです。自分で決めたことの責任を自分で取る覚悟ができたら、あとは心の声に従いましょう。人生の舵をとって、自由に運命を操りたいと思いませんか?　あなたのなかには無限の可能性があります。それを信じて、あなたが自分の人生を変えていく勇気が出せることを心から願っています。

✳

物事がうまくいっているとき
まわりの人が親切という名のもとに
おせっかいなアドバイスをしてくることがあります。
それは経済的なことかもしれないし
あなたの将来や結婚に関することかもしれません。
でも、動じる必要はないのです。
ずっしりとした象が歩くように
あなたが選んだ道をしっかりと進みましょう。

✳

チャンスという名のバスに乗り遅れたとしても
またつぎの便が来ると思っていませんか？
でも、もうそのバスは二度と来ないかもしれません。
チャンスが来たと思ったら恐れずに
勇気をふるってそのバスに乗り込みましょう。

✳

だれかが人生を変えてくれるのを待っているのに
いまだにだれも現れていないとしたら
もう待つのはやめましょう。
それはきっとあなたが"その人"になる必要があることを
意味しているのです。
だれかに頼りたくなったら思い出してください。
あなたのなかには、自分が思っている以上にたくましく
賢いあなたがいることを。

✳

あなたの人生で大切なものはなんですか？
将来どんなことを成し遂げたいですか？
答えがはっきりしているのなら
自信を持って自分の道を進みましょう。
そうすれば、よく考えもせずに
まわりとおなじことをしながら過ごす
人生ではなくなります。

✳

本当にやりたいことがわからないまま
ほかの人たちとおなじことをしているのなら
きっと競争がはげしい職場ではたらくことになるでしょう。
ストレスと苦痛の日々がつづいて
精神的にも落ち込んでしまうかもしれません。
成功したいなら、自己分析をすることです。
あなたの価値、強み、興味、
自分で制限をかけているものはなにか。
まだ経験したことがない仕事にはどんなものがあるのか。
世界には３万種以上の職業があります。
時間をかけて自分と向き合ってみましょう。

＊

だれでも新しいことを学ぶときには
恥ずかしい失敗をしてしまうもの。
自分の得意分野では尊敬されていても
新しい分野では子どものようにあつかわれて
間違えるたびに指摘されるでしょう。
でも失敗を恐れていたら
スポーツをしたり、楽器を弾いたり
料理や車の運転をしたり
外国語を覚えることはできないのです。

＊

勉強する気分になれなかったら
いちばん好きな科目からはじめてみましょう。
本も、好きなところから読みはじめていいのです。
どんなことも、はじめるのがいちばんたいへんなこと。
いったんはじめてしまえば
あとは意外とすんなりいくものです。

✳

新しいアイディアは
あたりまえのことに疑問を投げかけ
挑戦する人たちから生まれます。
自分がまわりと違うことを嘆くのではなく
その個性を生かして
独創的でおもしろいものを生み出しましょう。

✳

エドワード・サイード、ミッシェル・フーコー、ジャック・デリダ。
この20世紀の著名な思想家たちは
みな差別を受けてきました。
エドワード・サイードは
パレスチナ系アメリカ人としてエジプトに住んでいたころ、
ミッシェル・フーコーは同性愛者、
ジャック・デリダはアルジェリア出身という理由で。
でも、不利な立場におかれていることを嘆くのではなく
彼らだからこそ持てる視点や独自の思いから
西洋哲学に革命を起こしたのです。

✳

ひたすら思いつめたところで、問題は解決できないでしょう。
頭でなんとかしようとせず
心を静めれば解決策は浮かんでくるもの。
知恵は静けさのなかから生まれるのです。

✳

心配事で頭がいっぱいになったら、こう問いかけましょう。
「あれこれ心配したところで、解決するのだろうか?」
心配事に気をとられているあいだに
いま目の前にあるものを見落としてはいませんか?
不安な気持ちが湧いてきたら、こう言いましょう。
「心配していることが実際に起きたら、そのときに考えればいい」

✳

不安に悩まされたら
気になっていることをひとつずつ書き出しましょう。
そして、まだ実際に起きていないことは
リストの下に移動するのです。
いま起きていることだけを心配するようにしましょう。
ほかのことは、そのときがきたらなんとかなるものですから。

✳

やってしまえば終わることなのに
考えすぎるから動けなくなります。
「できないかもしれない」「やらないほうがいいかも」
「そもそもやりたくなんてなかったし」
といった思考が湧いてくるのです。
明日の朝早起きをして
あとまわしにしてきたことをやってしまいましょう。
明日もまた考えすぎてしまうと
ふたたびやらずに終わってしまうのです。

✳

完璧でなくても、とりあえずつぎに進みましょう。
あなたが思う完璧とほかの人が考える完璧が
おなじものとはかぎらないのですから。

✳

面接や試験の前にぜひ思い出してください。
あなたは自分が思っている以上に
たくさんのことを知っています。
あなたのなかには知識の海が広がっているのです。
どうか自信を持ってください。

✳

自分でどうにかできることと、どうすることもできないこと
このふたつを区別しましょう。
たとえば、過去に起きたことは変えられません。
他人があなたをどう思うのか
これもどうすることもできません。
でもあなたがすることは自分でコントロールできるのです。
心配や不安な気持ちから解放されたかったら
まず"いま"に心を向けることです。

✳

失敗を恐れずに、失敗から学びましょう。
一流とは、数多くの失敗から
技術や知識を得た人のことを言うのです。

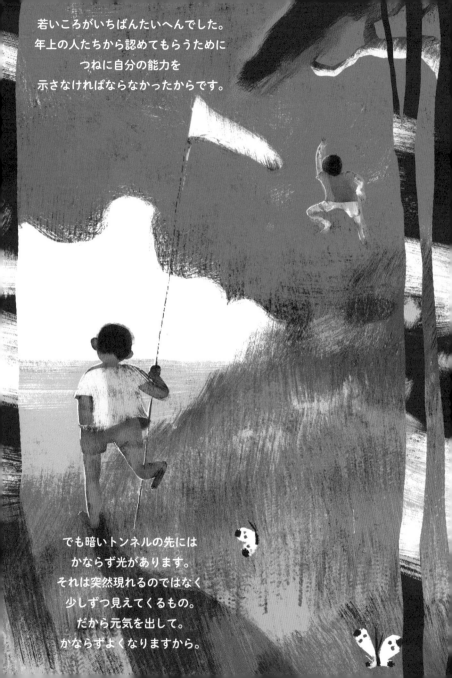

若いころがいちばんたいへんでした。
年上の人たちから認めてもらうために
つねに自分の能力を
示さなければならなかったからです。

でも暗いトンネルの先には
かならず光があります。
それは突然現れるのではなく
少しずつ見えてくるもの。
だから元気を出して。
かならずよくなりますから。

はじめての挫折

「ヘミン和尚、希望していた大学に入れませんでした。もう
この先どうしたらいいのかわかりません」「一年かけて司法
試験の勉強をしたのに不合格でした。でもまわりの友だちは
合格したんです。来年も試験を受けるべきなのかもしれませ
んが、もう疲れました」「仕事をやめて店をひらいたのです
が、思ったようにうまくいかず半年で閉めることになりまし
た。家族に合わせる顔もなく、経済的にも底をつきました。
とても怖くて憂鬱です」

　はじめての挫折は想像を絶するほどつらいもの。しかもそ
れはなんの準備もできていないときに突然やってきます。試
験でむずかしい問題が出たとしても、なんとかなるだろう。
景気がわるくなったとしても、一生懸命はたらけばなんとか
なるだろう。そんなふうに考えて失敗したときの策をなにも
立てていないと、大きな挫折を味わうことになるのです。目

149

標のためにすべてを捧げてきた人なら、この先のことをまったく考えられなくなってしまうでしょう。

これまで平穏無事な人生を送っていたのなら、この失敗はきびしい現実に目覚めるための警鐘のように感じるかもしれません。でも生きているかぎり、失敗は何度でも訪れます。これはだれにでも起こり、よくあることなのです。失敗に打ちのめされたり、自分の人生そのものが失敗だと考えるのではなく、まずはうまくいかなかった事実を受け止めて、その原因をしっかりと探すことからはじめましょう。それがわかれば、おなじ失敗をくりかえすことなく前に進めるのです。

僧侶が就職活動で苦労するなんて笑い話のようですが、私はアメリカで教授になる過程ではじめて大きな挫折を味わいました。教鞭をとるために6つの大学に応募したところ、すべての大学で最終選考まで進んだのですが、本命の大学の最終面接で落ちてしまったのです。

こんな失敗は生まれてはじめてのこと。ほかに3つの大学の面接が残っていましたが、すっかり自信をなくして深く傷つき、すべてをあきらめたくなる衝動にかられました。

しばらくはなにもする気になれず、ただ眠りつづけたのです。すると、自分のなかにある変化が起こりました。なぜ不合格になったのか、その理由をきちんと調べようと思ったのです。それまでは、一生懸命準備をして、自分の誠意や努力を見せれば受かるものだと思っていました。でもそれが間違っていることに気づいたのです。大学が望んでいるのは単

に努力家で誠実な人ではなく、大学が求める能力を兼ね備えた人。つまり、私は大学が求めていることを無視して、自己満足にひたっていただけだったのです。その日以降、残りの大学について徹底的に調査をして面接に備えました。このことが幸いして、ひとつの大学から採用されたのです。

　面接で失敗してしまったら、つぎはもっと一生懸命やろうとただ漠然と考えるのではなく、おなじ失敗をしないために、どこがわるかったのか、その原因を探りましょう。

　試験になかなか合格できずに途方に暮れていたら、あなたの勉強方法を見直してみましょう。気が散る場所で勉強していませんか？　計画を立てたらその通りに進めているでしょうか。テストの点数が高い人にアドバイスを求めたことはありますか？

　事業で失敗して悔しい思いをしているのなら、だれのせいであろうとまずは自分で責任を取り、落ち着いて失敗の原因を探りましょう。お店の場所がわるかったのでしょうか。商品とその品質は、お客様が満足するものだったのでしょうか。お客様、従業員、ビジネスパートナーとの関係はうまくいっていましたか？　つぎに事業をはじめるときは、いままでの２倍も３倍もの時間をリサーチや事業計画に費やしましょう。

　失敗はだれもが経験するもの。でも失敗から学ぶたびに、私たちはより賢くなり、より慎重に物事を決断できるようになるのです。失敗は、ふりかえるための時間を与えてくれる

のと同時に、精神面でも成長させてくれます。

　あなたの努力が実を結ぶことを心から祈っています。

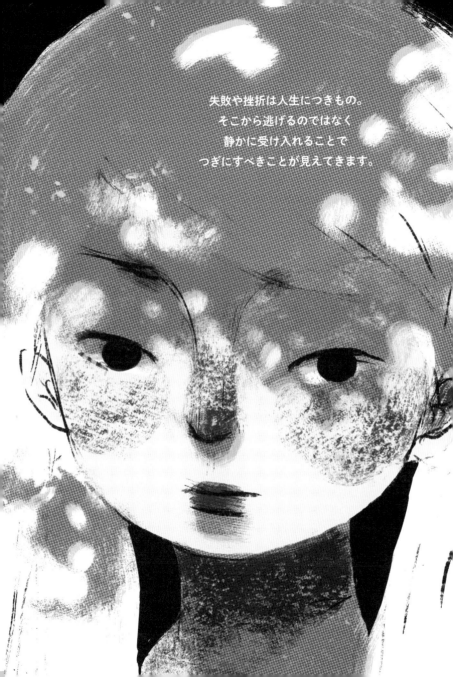

失敗や挫折は人生につきもの。
そこから逃げるのではなく
静かに受け入れることで
つぎにすべきことが見えてきます。

＊

目標を達成できなかったからといって
すべての努力が無駄になったわけではありません。
失敗はそれ自体に意味があり
新しいことをたくさん教えてくれます。
人生最後の日がくるまで
プラスマイナスの答えはだれにもわからないのです。

＊

試験に落ちたからといって
あなたの人生が台無しになるわけではありません。
ビジネスで失敗したからといって
あなたの人生そのものが失敗なのではありません。
たいへんなことが起きたとき
現実よりもさらにわるいことを想像してしまわないように
気をつけましょう。

＊

失敗を克服するための最初のステップは、失敗を認めること。
すると心は落ち着き、つぎになにをすべきか見えてきます。

＊

若い年齢で莫大な成功をおさめることにはリスクがともないます。
まだ準備ができていないうちから、無理をして
自分のレベル以上の高い山を登ろうとしないでください。
一歩一歩着実にすすめば、いずれ到達できますから。

✳

うまくいかなくても、そこであきらめずに
別の方法を試していきましょう。
あらかじめ用意されている答えや
これさえやれば成功するといった方法はありません。
最善策は、失敗と挑戦のなかから見つけるものなのです。

✳

大雨が降ったあとは
青空や緑の山々はいままで以上に
はっきりと澄んで見えます。
大きな試練を乗りこえたあとには
人生で本当に大切なことがはっきりと見えてくるのです。

✳

「人生とは嵐が過ぎ去るのをただ待つことではありません。
雨のなかでもどう楽しく踊るのか
その方法を身につけることなのです」
ヴィヴィアン・グリーン（アメリカのシンガーソングライター）

✳

どうか元気を出して。
人生の全体を眺めてみれば
いまの状況は流れゆく雲のようなもの。
それがどんなに大きな雲であっても
もうすぐ通り過ぎていきますから。

✳

抱えている問題をだれかになんとかしてもらおうと思ったら
思い出してください。
この世に"ただのもの"なんてないということを。
問題が解決したあとで
こんどはその助けてくれた人が
新たな悩みの種になるかもしれません。

✳

人から注目されることに必死にならなくても
個性や長所を磨きつづけていれば
自然とまわりはあなたに関心の目を向けるようになります。
注目されたい願望が強くなりすぎていると感じたら
こう言い聞かせましょう。
「私はいまやっていることを、もっともっと上達させていくんだ」
あなたは気高くて立派な人。
周囲の関心をただ集めたがるような人ではないのです。

✳

称賛や批判に感情を揺さぶられることなく
どっしりとした大きな岩のように
ぶれない自分を持ちましょう。

＊

どんなに最善を尽くしても
批判的なことや嫌味を言う人はかならずいます。
ミシュランの3つ星レストランでも
「こんなものか」と言う人がいるくらいなのですから。
世の中にはさまざまな考えの人がいます。
あなたがどんなにすごい人であっても
全員をよろこばせるのは無理なのです。

＊

私たちは、10個の褒め言葉より
たったひとつのネガティブな言葉に影響されてしまうもの。
批判されて傷ついたら、思い出してください。
そのひとつの言葉の裏には
あなたのことを応援している
10個もの称賛の言葉があることを。

＊

私たちは、仕事に情熱を注いでいる人に自然と惹かれます。
あまりにも一心不乱に夢中になっているその姿から
目が離せなくなるのです。
情熱は、人から人へ伝染します。

＊

商品のよさを信じていないのに売ろうとしても、売れません。
その人の情熱があってこそ売れるのです。

＊

涙を流すほど一生懸命努力をしたことがありますか？
そのことを知っているのはあなただけかもしれません。
でも、あなたは自分がどれだけ努力したのかわかっているでしょう。
だから失敗したとしても後悔する必要はないのです。

＊

神さまがあなたの成長を望むなら
あなたよりも能力があり、生まれた環境にも恵まれて
人柄もいい人物をライバルとして送り込むでしょう。
そして張り合っているうちに
あなたは自分のなかに眠っていた
ライバルとは違う別の才能に気づきはじめるのです。
最初はいやだと思っていた相手でも
自分を成長させてくれたことがわかれば
その存在に感謝することでしょう。

＊

「あなたの会社でいちばんむずかしい仕事はなんですか？」
「私がやっている仕事です」
とだれもがみな、言うものです。

＊

重箱の隅をつつくように
小さなことをわざわざ指摘して
自分のほうがすごいと思わせるのはやめましょう。
あなたがなにをしているのかはあきらかです。

＊

自分より優れた人の評判を落とすことで
自分をよく見せようとしないでください。
あなたもおなじようなことをされる日がくるでしょう。
何事にも一生懸命努力していれば
あなたのすばらしさはわかってもらえるもの。
だれかを非難したときに
あなたの本性が現れるのです。

✳

憧れの職業だからといって
いつも楽しいことばかりとはかぎりません。
どんな仕事にもつまらない側面はあります。
なにかが実を結ぶ前には
かならず試練があるものなのです。

✳

教授というのは
教壇に立ち、研究だけしていればいいものだと
思っていました。
でも実際に教授になってみて
それだけではないことがわかりました。
たとえば領収証をまとめること、推薦状を書くこと
研究助成金の申請書や報告書の作成
入学予定の学生とその保護者への講義など。
こういったことは
どんな職業の人にも言えるでしょう。
好きではないこともするから
好きなことができるのです。

＊

ずっと楽しみにしていた仕事の初日は
きっと緊張するでしょう。
でもできるかぎりの準備をしていれば
落ち着いていられるもの。
この日のためにがんばってきたことを思い出せば
わくわくしてくるでしょう。
やれるだけのことをしたのなら
あとは思いきってやるだけです。

＊

「どんな小さなことにも
全身全霊を注ぎ、魂を込めましょう。
それが成功の秘訣です」
スワミ・シヴァナンダ（インドの聖職者、ヨガの提唱者）

＊

私たちは、人生でいちばん苦労したことから
いちばん大きなことを学び、強くなります。
あとからふりかえると
逆境や困難から学んだことのすべてが
お金では買えない貴重な経験となっていることが
わかるでしょう。

不安や劣等感を感じている自分がいたら
こう言いましょう。「それがなに？」と。
「試験前でちょっと緊張してきたみたい。それがなに？」
「自分は背も低いし太っている。それがなに？」
「貯金が底をついてきた。それがなに？」
不安な気持ちとしっかり向き合うと
それを乗りこえようとする力が湧いてきます。
劣等感は、恥ずかしがって隠していると
いつまでもつきまといます。
あなたが気にしなければ
ほかのだれも気にしていないものなのです。

6章

癒やし

HEALING

私の痛みが、私の心を大きくひらいて
おなじように痛みを感じている人たちを
やさしく包み込むことができますように。
私の苦しみを通じて、おなじように苦しんでいる人たちと
深くつながることができますように。
私自身が早く立ち直れるように願うのと同時に
いま苦しんでいる人たちが
一日も早く元気になれることを願っています。

許すことができないとき

　だれでも人生のどこかで、許しがたいことをする人に出会うものです。怒りや憎しみをため込むのはよくないことだ、自分のために相手を許さなければならない。そんなことは頭ではわかっていても、なかなかその通りにはできないもの。いったいどうしたら、ひどい嘘をついたり自分を馬鹿にしたりしてきた人を許すことができるのでしょうか？　あなたを深く傷つけておきながら、その本人は何事もなかったかのようにふるまっています。受けた心の傷があまりにも深すぎて、癒やされる日がくるのかどうかもわかりません。

　このように感じたら、まずはすぐに相手を許そうとはしないことです。深い傷を癒やすための最初のステップは、あなたのなかに炎のように燃えさかるはげしい怒りと憎悪の感情があることをしっかりと認めて、受け入れること。この感情は、相手と自分とのあいだに境界線を引く壁のような役割をしていて、傷つきやすいあなたを守っています。まだ相手を

許す心の準備ができていないうちに、怒りの感情を無理やりおさえ込んでしまうと、あなたを守ってくれるはずの壁は崩れ、さらに苦しむことになるのです。

　もしその出来事から何年も経っているのに、いまだにくりかえし思い出しているのだとしたら、それはまるで回し車のなかをグルグルと走りつづけるハムスターのようなもの。いつまでたっても回復の出口を見つけることはできません。傷つけられたことを思い出せば思い出すほど、まだ立ち直れていない自分に嫌気がさすようになります。過去のことばかり考えているため、いま目の前にあることにも気がつかず、人生をじゅうぶんに楽しむこともできなくなるのです。いくら頭のなかで相手を許すと決めても、心はかたく閉ざしてそれを拒むでしょう。さらに、私たちは人を許すための手順をきちんと教わったことがないために、心と頭をどうつないだらいいのかわからないのです。このことがさらなる苦痛を生み出しています。

　ある日の夜、高校時代に仲が良かった友人と食事にでかけました。卒業以来つき合いがなかったのですが、私が僧侶になったことを知り、連絡をくれたのです。あまりにもひさしぶりだったので最初はお互いぎこちなかったものの、すぐに昔のように戻りました。彼の家も私とおなじように裕福ではありませんでしたが、彼はだれよりも努力家でした。勉強だけでなくスポーツや音楽などの課外活動にも全力を尽くし、韓国でいちばんいい大学へ進学して有名企業に就職したので

す。その会社で10年間勤め上げたあと自分の会社を立ち上げ、彼はだれから見ても成功者でした。

「助けてほしいんだ」。食事を終えたあと、彼は突然口走るように言いました。「最近気分の落ち込みがはげしくて、なにもする気にならない。なにもかもがいっぱいいっぱいなんだ」

　成功者で働きものの友人が、がっくりと肩を落として座っています。私は、彼の育った環境がなにかしら関係していることを直感的に感じたので、慎重にたずねました。「きみは子どものころからいままでずっとがむしゃらにやってきたね。それはなぜだと思う？」最初は子どものころの話をしたがりませんでしたが、もういちどおなじ質問をすると、こう打ち明けました。

「僕が一生懸命やらないと母親が苦労する。だからがんばったんだと思うよ」。私はさらに彼の思いを引き出すためにつづけて聞きました。「それだけかな？　本当にお母さんのためだけ？」。すると彼の表情は曇り、きまりがわるそうに答えました。「実は伯母のことなんだ。亡くなった父の姉だよ。僕は、母親のことをいつも見下していた彼女が大嫌いだった。彼女は、母親のように貧しくて学歴がない者は、自分もその子どもも、いい人生を送れるはずがないと言い切っていた。だから僕は、それが間違っていることを証明するために一生懸命はたらいて、親戚のだれよりも成功をおさめたんだ」

「そうか……君はそんなふうに伯母さんに侮辱されるお母さんを見るたびに、怒りと屈辱を感じていたんだね。僕にもそ

んな親戚がいたら、きっとおなじように嫌っていたと思うよ。もし本当に僕の助けが必要なら、試してもらいたいことがあるんだ。まず、君のお母さんを傷つけた伯母さんが、いま目の前にいると想像してみて。そして、子どものころの君に戻って、伯母さんに対して思っていることをすべて話してほしい。大人の言葉じゃなくて、10歳のころの君の言葉で話すんだよ。年配の人を敬わなければならないとか、わるい言葉を使ってはいけないとか、そういうことは一切考えずに、どんな言葉でも浮かんだものをそのまま吐き出して」

　許すことがとてもむずかしいと感じるのは、心は、頭で考えた通りにはならないから。怒りや憎しみを頭で否定しておさえ込んだとしても、またかならず戻ってきます。でも実は、これらの感情は相手を許すために必要なもの。まずは、怒りや憎しみの感情があってもいいことを、自分に教えてあげましょう。そしてその感情が自分のなかで変化していく様子を観察するのです。頭がカッカしたり、からだがこわばったり、心臓がバクバクしたりしてくるかもしれません。すこし離れたところから眺めるイメージで、母親が子どもをあたたかい目で見るように、あなたの感情をそのままやさしく見つめましょう。
　観察をつづけると、不思議なことが起こります。まるで玉ねぎの皮が一枚一枚むけていくように、感情のなかにある別の感情が次々と姿を現すのです。私の場合、怒りの感情のなかに強烈なさびしさがあることがわかりました。さらにその

なかには、孤独と死に対する恐怖が隠れていたのです。

　傷ついた心をやさしく観察する方法がわかれば、かたくなっていた心はしだいにやわらかくなり、自分を傷つけた人のことも、思いやりの気持ちを持って見ることができるようになります。その人が抱えている心の傷や苦しみをできるかぎり理解しようとしてみましょう。そもそもその人が幸せだったら、あなたを傷つけるようなことはしなかったはずです。満たされていない原因はなんでしょう？　相手のことを思いやるのは、その人の過ちをかばうためではありません。あなたを苦しめている絡まった感情を解きほぐして、あなた自身が幸せな人生を送るためなのです。

　言い換えれば、相手のために許すのではなく、自分を過去

のしがらみから解放するために許すということ。そのために
は、どうしても相手を理解する必要があります。いったん相
手に対する感情を横に置いて、その人のことをよく観察して
みると、いままで気づかなかったようなことが見えてくるで
しょう。あなたにひどいことをしたのは、あなたとおなじく
らい孤独で不安だったからかもしれません。あなたを見下し
てくる人なら、その人もおなじように見下されてきたのかも
しれませんし、親やきょうだい、友だちから笑いものにされ
てきたのかもしれません。相手の深い部分が見えてくると、
心は自然とやわらいでいきます。孤独や不安を抱えている人
を理解しようとしてみましょう。その人も自分とおなじくら
い苦しんでいることがわかると、あなたの悲しみは、まわり
の人に対する思いやりへと姿を変えるのです。

　友人はしばらくだまっていましたが、思ったことをそのま
ま言葉にするように促すと、長いあいだおさえていた怒りの
感情を爆発させるように声をあげて泣き叫びました。「ちく
しょう！　ちくしょう！」子どものように私の肩に顔を埋め
ています。「お母さんがかわいそうで、伯母さんのことが憎
かったんだ！　本当に本当につらかったんだよ」。気づけば
私もいっしょに泣いていました。しばらくして、落ち着きを
取り戻した彼がつづけました。「これだったんだね。どうし
て僕の人生がこんなに苦しいものなのか、その理由がわかっ
たよ。僕は伯母に復讐したかったんだ。そして同時に、認め
させたかった。でも彼女は昨年亡くなった。だから復讐も、

認めさせることもできなくなってしまったんだ。そのころからだよ、すべてが無意味に思えてきたのは」

　それから数日後、友人からお礼のメールが届きました。心がとてもおだやかになったと言います。「ようやく伯母のことを許すことができそうだよ。あのあと家に帰ってから、君が教えてくれたように、伯母がどんな苦しみに耐えていたのかを考えてみたんだ。彼女の夫は事業では成功していたけど、つねに不倫していた。裏切りと孤独に耐える人生だったんだろうね。伯母が幸せな人生を送っていたら、母にあんなことはしなかっただろう。彼女を許して、過去を手放す準備ができたような気がするよ」

　私たちの心には、怒りと憎しみのほかにも、悲しみ、嘆き、孤独や恐怖といったものがあります。でもそれがすべてではありません。こういった感情を静かに眺める、思いやりも存在するのです。だれかを許すことができなくなったとき、あなたの心のなかにもやさしさあふれるまなざしを見つけることができるよう、心から願っています。

あなたの心のなかにある
思いやりのまなざしを見つけましょう。

＊

暴力的な性格の裏には
なにかに対する恐怖心が潜んでいます。
それは子どものころの出来事かもしれないし
最近のことかもしれません。
さらに恐怖心の裏には
弱さや苦しみが隠れているのです。
だれかのことを本当に許したかったら
その人が抱えているものに
思いをめぐらせてみましょう。

＊

「相手のことを本当の意味で理解してはじめて
許すことができます。
そして相手を理解するためには
その人の心の痛みを知ることがなによりも大切なのです」
ティク・ナット・ハン（ベトナム出身の禅僧、平和・人権活動家）

＊

相手がどんなにひどいことをしたとしても
憎むことでいちばん苦しむのはあなたです。
憎しみが深ければ深いほど
奈落の底にいるような気分になるでしょう。
ほかのだれのためでもなく、あなた自身のために
ネガティブな感情をしっかりと拭い去りましょう。

✳

「あやまったのに許してもらえません。
土下座をしてでも許してもらうべきなのでしょうか？」
あやまったからといって
すぐに許してもらえるわけではありません。
相手を深く傷つけたのだとしたら
何度かあやまったくらいでは許してもらえないでしょう。
本当にわるいと思っているのなら
真剣に何度でもあやまりましょう。
その人が耐えている苦しみに比べたら
あなたの謝罪はありきたりな言葉に聞こえてしまうものなのです。

✳

よく状況を見てみると
あなたにいやがらせをしてきた人は
あなたと似たような立場にいるほかの人にも
おなじことをしていませんか？
その人がしたことが非難されるべきであって
あなたは自分がされたことを
個人的に受け取らなくていいのです。
問題はあなたではなく
その人にあるのですから。

✳

傷つくようなことを言われたら
それはあなたのしたことに対してなのか
それともほかに理由があるのか考えてみましょう。
もし後者なら、あなたに関係ないことで
責められる必要はないのです。

✳

ストレスがたまっているとしたら
それは世の中にあふれる情報に
疲れきってしまっているからかもしれません。
そんなときは、"メディア断ち"をして
３日間、スマートフォンやテレビ、
インターネットから離れてみましょう。
しばらくすると自分の心とからだの声が聞こえてきて
ふたたび健康な状態に戻ることができますよ。

✳

机や床のうえが散らかっていると
ますます散らかった状態を引き寄せてしまいます。
もちろん仕事の効率も下がるでしょう。
部屋をきれいにしておくためのコツは
面倒でも、脱いだ服をそのままにしておかないことです。

　　　　　　❋

健康のためタバコを止めるように
友人が１ヶ月間“ニュース断ち”をしたところ
気が散ることや余計な心配をすることが減ったと言います。
政治、事件、有名人の最新情報を本当に知る必要があるのか
いちど自分に問いかけてみましょう。
私たちは気づかないうちに多くの情報を集めています。
それはまるでジャンクフードのように
私たちの栄養にならないものなのです。

　　　　　　❋

ひとりで静かな場所にいると、心の静寂を感じます。
それはまるで治療薬のように
心に栄養を与え回復させてくれるのと同時に
内なる神を感じさせてくれます。
静けさを味わうことには
すばらしい効果がたくさんあるのです。

　　　　　　❋

心の傷は無理やりなんとかしようとするものではありません。
押し返したり忘れようとしても
さらに強い痛みとなって戻ってきます。
あなたの心が必要としているのは、愛と癒やし。
自分の心をあたたかく見守りましょう。
きっとその傷の下から
やさしい愛が顔をのぞかせてくれますから。

＊

ほかの人が苦しみから解放されることを祈ると
自分の苦しみもともに癒やされていきます。
あなたの家族、友だち、同僚のみならず
道ゆく知らない人の幸せもいっしょに願いましょう。
聖人は、聖人だから思いやりのある行動をするのではなく
思いやりがあるから聖人なのです。

＊

今日が最悪な日だからといって
あなたの人生すべてが最悪なわけではありません。
きっと疲れがたまっているのでしょう。
ぐっすり眠れば、気持ちも楽になりますよ。

＊

美しいものやユーモアにあふれたものに出会うと
心の傷が癒やされます。
美しい自然のなかを歩くと、頭がリセットされます。
すばらしい芸術作品を見ると、感性が豊かになります。
いつも笑わせてくれる友だちと話していると
気持ちが明るくなります。
美しさやユーモアとともに
私たちは元気を取り戻すのです。

＊

ある僧侶のジョークです。
新米の僧侶が聞きました。
「お坊さんがメールをしてもいいのでしょうか？」
先輩僧侶が答えました。
「もちろん。Attachment（添付・執着）がないかぎりね！」

＊

薪に火をつけるには
薪と薪のあいだにスペースが必要です。
くっつけすぎてしまうと火はつきません。
炎には呼吸をするスペースが必要だからです。
私たちもおなじように
人生を楽しむためには
それがどんなに大切なものであっても
多少の距離が必要なのです。

＊

こんどから、10分早く出発してみましょう。
ゆったりと歩く時間を楽しむことができます。
おなじように、食事も5分多めにとって
食べる時間を楽しみましょう。
しっかりと食材を味わえるのと同時に
あとでおなかが苦しくなることもありません。
たった5分、10分のことが
私たちの人生の質を劇的に向上させてくれるのです。

＊

おなじようなものを持っていたら
いちばん好きなものだけを残してあとは処分しましょう。
ものが多すぎると
自分がものを所有するのではなく
ものが自分を所有するようになってしまうのです。
すっきりした空間は最高の贅沢であり
私たちの心を癒やしてくれます。

＊

しばらく使っていないものがないか
家のなかを見渡してみましょう。
賞味期限が切れたもの、消費期限が切れた薬や化粧品、
何年も着ていない服、読み返すことのない本、
場所だけをとる電化製品。
これらが見つかったら
だれかにあげるか処分しましょう。
処分することは、失っているように見えて
実は得ているのです。
整理整頓された居心地のよい空間はオアシスとなり
あなたをリラックスさせてくれます。
そして、あなたを幸せにしてくれるものだけが
手元に残るのです。

憂鬱なとき

　ほとんどの人が、人生のどこかでうつのような状態を経験します。毎日楽しいことだけで満たされていればすばらしいでしょうが、歳をとることからは逃れられませんし、病気をすることもあるでしょう。どうしても避けられない困難に直面したときに、私たちは憂鬱になるのです。私の場合、たとえば同僚ともめたときやそれまでの努力がすべて無駄になったとき、病気の原因や治療法がわからなかったときなど、悩みの解決策が見つからなかったときにふさぎ込みました。

　そんななか、ソウルでNPO団体「The School for Broken Hearts」という学校を立ち上げたのです。そこで、私のようにたまに軽いうつのような状態になる人がたくさんいることを知りました。この学校では、病気とたたかっている人、家族を亡くした人、離婚した人、障害のある子どもを育てている人、LGBTの問題を抱えている人、失業者、人間関係に悩んでいる人などを対象に無料支援を行っています。

参加者の多くは病的なうつではありません。もしそうだった場合には、ただちに専門医に相談するようすすめていますが、軽いうつのような状態にたまに陥る人には、仏教心理学の観点からアドバイスをしています。

　私は憂鬱な気分になるたびに自分の心を観察して、いくつかの特徴を見つけました。まず、憂鬱になるのは、何度もおなじことをくりかえし考えてしまうことが原因だとわかったのです。私たちが常日頃考えていることが感情に大きな影響を与えていて、ポジティブな思考はポジティブな感情を生み出し、ネガティブな思考はネガティブな感情を生み出します。心という“かまど”のなかに、憂鬱という“薪”を放り込んで火をつけなければ、憂鬱な気持ちはしだいにどこかに消えていくのです。この感情を理解するためには、まずはどの思考がその原因になっているのか知る必要があります。

　思考は、すべてに対する自分の考えであり、物事の見方です。科学者によると、私たちは毎日約1万7千ものことを考えていて、そのほとんどが似たような内容なのだそう。とくに過去に起きたことを頻繁にくりかえし考えているといいます。私たちはおなじことを、何度も何度も考えているのです。問題なのは、そのことを無意識のうちにしているということ。もともとは自分の心から生まれた思考なのに、いつのまにかその思考が私たちの感情を支配するようになるのです。

　さらに、思考は潜在意識のレベルで機能する傾向があるため、それが“事実”なのか、ただの“意見”なのか、その違い

を区別することはほとんどできません。そして私たちは事実ではないただの"意見"も、事実だと思い込んでしまうのです。このような特徴と照らし合わせて、憂鬱な気持ちを打ち消すための3つの対処法をお伝えします。

1.気分がふさぎ込んできたら、その感情は大空を通り過ぎていくひとつの雲だと想像してみてください。心の病は、"思考"と"自分自身"をおなじものだと思ってしまうことからはじまります。思考は、状況に対する自分の一時的な反応にすぎず、しかもつねに変化します。憂鬱な感情（＝雲）をすこし離れたところから観察してみると、この壮大なスケール（＝空）のなかでは意外とちっぽけなものに見えてくるでしょう。思考を雲に見立てたら、それを眺めながら「形が変わってきたな」「頭のうえを通り過ぎていくなあ」「もうすぐ消えそうだ」などと変化する様子を言葉にしてみましょう。その反対に、思考を手放さずにしがみついていると、それはいつまでもあなたのなかに居座り、最後には憂鬱という名の沼にあなたを引きずり込んでしまうのです。

2.あなたのことをよく知らない人から否定的なことを言われて深く落ち込んだら、このことを思い出してください。相手はあなたのことを言っているようでいて、実は自分自身のネガティブな精神状態をあからさまにしてしまっているのです。こういう人は、事実かどうかに関係なく、あなたのことを好き勝手に想像して発言しているにすぎません。相手に

183

関心を向けなければ、あなたの心をそれほど支配することはないでしょう。

　3.ほとんどの思考は、個人の経験をもとにして生まれるもので、それはみんな違うということを頭においておきましょう。さらに思考は石のようにかたまったものではなく、自分で自由に形を変えることができるのです。ネガティブな思考が浮かんできたら、まずはからだの力を抜いて、深呼吸をしましょう。呼吸はいつも"いま"この瞬間に起きていること。つまり呼吸に集中することで"いま"に集中することができるのです。息を吸ったとき、吐いたとき、からだの動きのひとつひとつを感じていくと、心の緊張が徐々にほぐれていくのがわかるでしょう。そして心が完全に"いま・ここ"に集中できたとき、自然と思考が停止するのです。

　では、ここでこの本を横に置いて1分間だけ呼吸に集中してみましょう。覚えていますか？　ネガティブな思考や感情を手放すための簡単な方法は、呼吸に意識を向けて"いま"に集中することでしたね。

さあ、呼吸を感じてみましょう。
息を深く吸って……吐いて……
自分自身に意識を向けると
心は自然と癒やされていきます。

＊

私たちは人生のどこかでかならず落ち込むものです。
気分が落ち込んでいるときに
ネガティブな思考をくりかえせば
その思考はどんどん大きくなり
あなたのなかにとどまりつづけます。
憂鬱な気分から抜け出したかったら
自分のからだに意識を向けて
ゆっくり深く深呼吸しましょう。
頭がすっきりしてくると
心もおなじようにすっきりするものです。

＊

空に浮かぶ雲は
思いきり泣くことで悲しみを解放します。
涙が枯れるまで泣いたら
流した涙の分だけ軽くなるのです。
私たちは心のなかにある空に向かって
悲しみを解き放つことができます。
そう、悲しいときは雲のように泣いていいのです。

＊

悲しみがやってきたら
跳ねかえそうとせずに
悲しみに歩み寄って
抱きしめてあげましょう。
しばらく泣いたら
トンネルの先に光が見えてきますよ。

＊

もがき苦しんでいるとき
その苦しみが一生つきまとうかのように感じるでしょう。
大失敗をしたあとは
もう一生立ち直れないのではないかと思うかもしれません。
大切な人を亡くしたら
その悲しみが一生つづくように思えるでしょう。
でもこの世に永遠につづくものなどないのです。
それはあなたの苦しみもおなじ。
大丈夫、きっとよくなりますから。

＊

考えすぎてストレスがたまってしまったら
目の前にあるものを見つめてみましょう。
できるだけ近づいてよく観察してみてください。
それはどんな手ざわりで、なにでできていますか？
色は何色でしょう。
目の前にあるものに集中することで
それまでの思考は自然と止まります。
私たちは、同時にふたつのことを考えることはできないのです。

＊

孤独、悲しみ、恐怖の感情が湧いてきたら
逃げずにその感情とともに過ごしましょう。
テレビを観たり友だちに電話をかけたりして
ごまかすのではなく
静かに自分の心を観察してみるのです。
すると感情は形を変えたり消えたりします。
勇気を持って眺めれば
感情から逃げる必要はないことに気づくでしょう。

＊

おそらく私たちは
ひとりぼっちの孤独やむなしさに
直面するのが怖いから
他人のことに口を出すのです。

＊

すべてを手に入れたように見える人でも
実際は苦しみの日々を過ごしているのかもしれません。
だれもが他人からは想像できないような苦労をしているもの。
外から見た姿がすべてではないことを
忘れないでください。

＊

悲しみよりも怒りの感情によって
気分が落ち込むことがあります。
悔しい思いをさせられて怒りたいのに
怒れない自分がいる。
そんなとき、自分が情けなくて
哀れに思えてくるのです。
そしておさえ込まれた怒りは
相手ではなくあなたを攻撃しはじめます。
憂鬱で苦しくなったら
怒りをおさえ込んでいないかどうか
あなたの心に聞いてみましょう。

✳

自分の悩み事だけを考えていると
それはとてつもなく大きなものに見えてきて
気持ちが沈んでくるもの。
でもほかの人の悩みにも思いを寄せてみると
あなたの悩みはそれほど大きいものでも
めずらしいものでもないことがわかるでしょう。

✳

苛立ち、むなしさ、憂鬱といった気分を変えるには
だれかに小さな親切をすることです。
「今日一日、人にやさしくしよう」
と決めましょう。
どんなに小さなことでも
善意ある行動は
あなたのなかにすばらしい変化をもたらしてくれます。

✳

仕事の成功やお金に幸せを求めるのではなく
愛する人や友だちとの時間のなかに幸せを見つけましょう。
仕事は、ひとつ目標を達成したとしても
またすぐにつぎの目標を立てなければなりません。
そこに幸せを求めるのは
まるで永遠に手の届かない蜃気楼を追いかけるようなもの。
でも友だちと過ごす時間は
未来ではなく"いま・ここ"に幸せを運んでくれます。
いいときもわるいときも
いっしょの時間を楽しめる友だちがいることは
間違いなく幸せなことなのです。

✳

人生にむなしさを感じたり、軽いうつのような状態を感じたら
つぎのどれかを試してみてください。
1.なにか新しいことを学ぶ
　　たとえば楽器、アート、スポーツ、外国語など。
2.1週間に数時間、ボランティアをする
　　有意義なことをすると気分が上がります。
3.友だちとランチをする
　　人との交流は憂鬱な気持ちやさびしさをやわらげてくれます。
4.この世はつねに変化するものということを念頭に瞑想をする
　　物事が変化するのは自然なこと。変化を積極的に受け入れま
しょう。

✳

想像してみてください。

あなたは欲しかったものをすべて手に入れました。

いい仕事、すばらしい人との結婚、夢だったマイホーム……

仕事では昇進して、子どもたちの成績も上位です。

病気からも回復し、じゅうぶんな貯金があります。

ここでようやく落ち着いて

もう心配することはなにもないと思うでしょう。

でも、2〜3ヶ月先のことはどうでしょう？

心配事は探せばかならず見つかるもの。

どんなに恵まれた環境にいたとしても

考え方の癖を変えないかぎり

ネガティブなものを探しつづけてしまうのです。

✳

たとえ天国に生まれたとしても

なにかしらあら探しをする人はいるものです。

きっとそういう人は

天国は完璧すぎるとでも言うのでしょう。

✳

「みんなお金持ちになって有名になって

やりたいことを全部やってみたらいいんだ。

そうすれば、そこに答えがないことがわかるから」

ジム・キャリー（ハリウッド俳優）

✳

近所のおしゃれなカフェに行ったときのことです。
とてもおいしそうなケーキがあったので食べたかったのですが
値段を聞いてあきらめました。
でもその日一日中
ケーキのことが頭から離れませんでした。
2日経ってもまだ忘れることができなかったので
ついに食べに行きました。
でも実際に食べてみると
期待していたほどのおいしさではなかったのです。
この感覚はきっと、ノーベル賞を受賞した人や
大統領に選ばれた人の気持ちに似ているのかもしれません。

✳

感情をコントロールすることがむずかしいと感じたら
ひとりになって静かに過ごしましょう。
散歩に出かけたり、いい映画を観たり
新しい本を読んだり、瞑想をしたり。
おさえつけられた感情が呼吸しやすくなるように
心にスペースをつくりましょう。

＊

ティク・ナット・ハンの僧院、プラムヴィレッジでは
週に一日「なまけものの日」があります。
会う人会う人に
「今日はどれくらいなまけていますか？」
とあいさつするのです。
あなたも週に一度「なまけものの日」をつくってみませんか？
そして美しい青空や心地よい風と仲良くなりましょう。

＊

ただソファに寝そべって
テレビを観ていたいと思う日があったら
日ごろがんばっているあなたをいたわってあげましょう。
いつもいつも動き回ってばかりはいられませんから。

＊

世間にたたきのめされたとしても
どうか立ち上がって歩みつづけてください。
つらくて涙が出てきても、恥ずかしさで死にたいと思っても
それでも前に進むのです。
歩きつづけていれば、いい方向に進みます。
歩きつづけていれば、物事は忘れ去られていきます。
あなたは勇敢な魂の持ち主。
この痛みを通じてさらに成長しようとしているのです。
私はあなたを応援しています！

✳

「苦しみは

新しい世界につながる扉」

キム・スファン
（韓国人初の枢機卿〈カトリック教会における教主に次ぐ聖職位〉）

知っていることと行動することのあいだには
大きな隔たりがあります。
自己啓発本を読んだり
いろいろな教えを受けたからといって
あなたの人生がすぐに変わるわけではありません。
新しく得た知識を実践し
時間をかけて努力してはじめて
人生が変わりはじめるのです。
それは仏の道でもおなじ。
人々がこの隔たりを埋められるように
手助けをすることを一生の修行としながら
悟りの道をひらいていくのです。

7章

自由
ENLIGHTENMENT

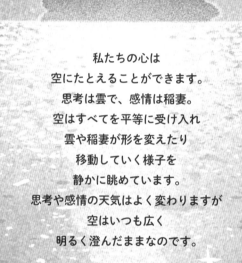

私たちの心は
空にたとえることができます。
思考は雲で、感情は稲妻。
空はすべてを平等に受け入れ
雲や稲妻が形を変えたり
移動していく様子を
静かに眺めています。
思考や感情の天気はよく変わりますが
空はいつも広く
明るく澄んだままなのです。

心の居場所

　二日つづいた雨のあと、例年より早く秋がやってきました。雲のあいだからは青空が顔をのぞかせています。赤や黄色に色づいた葉は、青空のもと楽しそうに踊っています。毎年秋のはじまりは韓国の山奥にある僧院で瞑想の修行をするのですが、この年はフランス、ボルドーの近くにあるプラムヴィレッジに行くことにしました。ベトナム出身の僧侶ティク・ナット・ハンによって設立されたもので、彼のすばらしい教えが実際にどのように行われているのか、自分の目で確かめてみたかったのです。彼とは2013年に私が韓国で通訳をしたのをきっかけに知り合い、それ以降親交を深めてきました。

　ベトナム戦争のとき、ティク・ナット・ハンは反戦運動の主導者でした。彼の活動にマーチン・ルーサー・キング・ジュニアはとても感動し、ノーベル平和賞に推薦したほどです。戦争のあと、ティク・ナット・ハンは母国への帰国が許されなかったため、フランスに亡命して彼の教えを学びたい

人たちといっしょに小さな仏教のコミュニティをつくったのです。ときが経つにつれて参加者の数は増えていきました。2014年以降、彼は健康上の理由から公の場で教えることができなくなりましたが、それでも世界中から多くの人たちがマインドフルネス瞑想をするためにプラムヴィレッジにやってきます。

　到着してまずおどろいたのが、みんなの歩くスピードでした。あまりにもゆっくりと歩いているのです。街中をあわただしく歩いている人たちの姿とは対照的でした。プラムヴィレッジの人たちは、歩くことによりマインドフルネスを深めるだけではなく、歩くことそのものも楽しんでいるのです。さらに食事にもたっぷりと時間をかけ、ひと口ずつ口に運んでは、静かに味わっています。食事の最中にほかのことを考えていたら、せっかくの食材をちゃんと味わうことができません。でも目の前のものに完全に集中すれば、たったひと口のお茶でも、いままでに経験したことがないような感覚を与えてくれるものなのです。

　ティク・ナット・ハンのいちばん大切な教えは、どんなときでも"いま・ここ"にしっかりと心を置くこと。それは歩いているときでも、食事をしているときでもおなじです。考え事にふけったり、過ぎたことをあれこれ考えたり将来の心配をしたりするのではなく、いまに集中すること。"いま・ここ"こそが、心の本来の居場所なのです。心がしっかりと"いま"にあると、自然と落ち着き、何事にも集中できるよ

うになります。料理や掃除、友だちとおしゃべりをしている
ときなど、どんなときでも目の前のことに集中することがで
きれば、余計な思考にまどわされることがなくなり人生をめ
いっぱい楽しむことができるのです。

　ティク・ナット・ハンは、“呼吸”に意識を向けることの大
切さも教えています。呼吸がおだやかなら心もおだやかにな
り、呼吸が乱れると心も乱れます。逆もおなじで、心が乱れ
ていれば呼吸も乱れ、心がおだやかなら呼吸もおだやかにな
ります。さらに、呼吸は“いま・ここ”で起きているため、
呼吸に意識を向けることで、心を“いま”につなぎとめてお
くことができるのです。深く静かに呼吸するほど、心はおだ
やかになっていきます。

　多くの人が、私たちの頭のなかにあるのは思考だけだと
思っているようですが、私は呼吸の練習を重ねるうちに、あ
る思考とそのつぎに現れる思考のあいだには、おだやかで静
寂な“無”の空間があることに気づいたのです。それ以来、
その空間からどのようにして思考が生まれ、どのようにして
消えていくのかがわかるようになりました。そしてひとつひ
とつの思考をじっくり観察するかわりに、思考と思考のあい
だにある静かな隙間に意識を向けてみたところ、その空間は
徐々に広がり、どんなにポジティブな思考でさえも、ここま
での心地よさを感じることはできないと気づいたのです。

　さらにこの静寂な無の空間は、自分の内側だけではなく外
の世界にも存在していることがわかりました。それがどこか

ら生まれてどこへ消えるのか、自分のなかから生まれたのか
外からきたのか、その境界線はだれにもわからないのです。
おだやかな静寂こそが、心のゆるぎない本質。いままで私が
考えていた、自分と外の世界を隔てていたものは消え去り、
ようやく禅の格言、「人の心とこの世、そしてブッダもみな
おなじである」の意味が理解できたのです。

　日没の時間になると、太陽は赤く染まり、空はオレンジ色
にかがやきます。僧侶が夕刻を伝える鐘を鳴らすと、鐘の音
はプラムヴィレッジ中に響きわたり、みんなが瞑想の部屋に
向かう足音が聞こえてきます。そしてこの様子を眺めている
私の心には、感謝と充実感に満ちあふれた花が咲くのです。

＊

つぎに食事をするときは、目を閉じてみましょう。
私たちは、思っている以上に視覚から情報を取り入れています。
目を閉じて、ゆっくり、ひと口ずつ味わえば
きっといままでに経験したことのない世界が広がることでしょう。

＊

頭をクリアにして
心にやすらぎをもたらすための5つのコツ：
・美しい景色を見てほほえむ
・目を閉じてゆっくりと10回呼吸をする
・目を閉じたまま音楽を聴く
・行き先をきめずに散歩を楽しむ
・からだ（とくに肩から腰のあたり）に意識を向けてみる

＊

あれこれ考えすぎると、目の前が見えなくなります。
いまあなたの目の前にあるものに集中することで
思考はいったん止まります。
ただ目の前にあるものに意識を向けましょう。
そうすれば、あなたの心は"いま・ここ"に戻るのです。

＊

呼吸はおどろくべきタイムマシーンです。
心が過去や未来にタイムトラベルしても
瞬間的に"いま"に戻してくれるのですから。

＊

なにかすばらしいものを見つけるために
自分探しの旅に出たとしても
けっきょく長いあいだ探し求めていたものは
ずっと自分のなかにあったと気づくものなのです。

＊

呼吸に集中すると、余計な思考から解放されます。
やすらぎや充足感が
お金で買うことができるどんなものよりも
ありがたいことがわかるでしょう。

✳

まだ家のなかが暗くて
外も静かな早朝に目がさめたら
静けさの音を聴いてみましょう。
なにもないようで、でも実は満ち足りている
そんな感覚を味わってください。
静寂は心を落ち着かせてくれます。
どんな場所にいても
静かに耳を澄ませば
心はおだやかになるのです。

✳

"無"の心の状態とは
退屈な心の状態をいうのではありません。
静けさのなかには
これ以上にないほどのやすらぎと充足感が秘められています。
そしてその静けさに意識を集中することで
死後でさえ失われることのない
心の本質を見つけることができるでしょう。

✳

あなたの本質は
探し求めて見つかるものではありません。
心が静まったときに
自然と姿を現すのです。

＊

雲ひとつない空には
青空の高さを感じることができます。
心が思考から解放されたとき
私たちは心の本質を感じることができるのです。

＊

「沈黙は永遠のごとく深く
言葉は時のごとく浅い」
トーマス・カーライル（イギリスの思想家・歴史家）

＊

思考や感情は
現れては消えていきます。
よく観察すると
心のなかにある"静かな無の空間"が
思考や感情の移りゆく様子を
眺めていることがわかります。
その一点の曇りもなく
姿かたちのないものが
あなたの本質なのです。

＊

心は鏡のようなもの。
その鏡には
嫉妬や欲、憎しみが、つかの間の映像として映し出されます。
でも、それはただ鏡に映っただけのもの。
鏡に映ったものが張りつくことも
傷がつくこともないのです。
一瞬映っただけの映像と自分自身を
混同しないようにしましょう。

✳

思考や感情が湧いてきたら
"私"という主語をつけずに
自分とは切り離して客観的に観察してみましょう。
すると、その思考や感情がいつまでもとどまることはありません。
思考や感情を"私のもの"だと思ってしまうから
自分との区別ができなくなってしまうのです。
いずれ消えていく思考や感情と
あなたはおなじものではないのです。

✳

思考は浮かんでは消えていく雲。
あなたの意思に関係なく
次々と現れます。
ネガティブな思考にしがみついてしまうと
心の病につながることがあります。
思考の渦に巻き込まれないように気をつけましょう。

✳

「真の自由とは
既知から自由になることである」
ジッドゥ・クリシュナムルティ（インドの哲学者・作家）

✴

森や建物を眺めているとき
あなたは観察する側で、森や建物があなたなのではありません。
おなじように、思考や感情もあなたは観察する側であって
それ自体があなたなのではないのです。その証拠に
思考や感情が消えたあとも、あなたという存在は残ります。
私たちは、観察する側（＝自分）とされる側（＝思考や感情）を
おなじものとして捉えてしまうから悩み苦しむのです。

✴

「心の平穏は
自分とはいったい何者なのか
そのことを深く知ることで得られるものなのです」
エックハルト・トール（ドイツ人作家）

✴

本当の自分というのはたとえ一瞬でも失われることはありません。
それは"いま"が決して失われないこととおなじ。
意識をしているか、していないかにかかわらず
つねに"いま・ここ"はあるのです。

✴

「完璧ではないことを受け入れ、不安から解き放たれたとき
本当の意味で自由になれるのです」
禅師 僧璨

生きづらい原因は
過去があなたをしばりつけているからではなく
あなたが過去のことを
くりかえし思い出しているから。
しばらくそのままにしてみましょう。
するといままでとどまっていたものも
川のように流れていきます。
過去の思い出が流れるその川があなた自身なのではなく
その川のそばに立って静かに流れを眺めているのが
あなたなのです。

悟りへの道

　高校生のころ、私はまだ仏教のことをあまり知りませんでした。韓国では毎年5月にお釈迦様の誕生を祝う風習があるのですが、その祝日を楽しみにしている程度だったのです。ソウルの街は色とりどりの提灯に彩られ、夕暮れどきに提灯のあかりのなかを歩いていると、その美しさに学校のことや将来の不安を忘れるほどでした。この時期になると、家の近くにあるお寺によく行ったものです。カラフルな提灯の下を、ジョージ・ウィンストンやエンヤ、サイモン＆ガーファンクルといった大好きな音楽を聴きながら歩いていると、心もやすらぎました。

　このお祭りのことで、とくに記憶に残っている出来事があります。それはアメリカ人宣教師たちとの出会いでした。彼らは20代前半、私よりすこし上で歳が近かったこともありすぐに親しくなりました。スポーツやカードゲームをしたり、お互いの文化や言葉を教え合ったりするうちに、私の宗教に

対する関心も高まっていきました。そして、「なぜ私たちは生まれてきたのか？」「死後はどうなるのか？」「私とはいったい何者なのか？」「どうしてこの世は不平等で苦しみがあるのか？」といった疑問の答えを探す道へと導かれたのです。こういう疑問を英語で話し合うことが好きだったのは、きっと学校ではこのたぐいの質問が許されていなかったからかもしれません。

　お釈迦様の誕生日が近づいたころ、せっかくだから伝統的な韓国の宗教を見てみるのはどうかと、彼らにたずねてみました。当時の私は、まだ仏教徒と呼べるレベルではありませんでしたが、韓国の歴史や文化を友だちに教えることが楽しかったのです。きっと彼らもほかの宗教を学んだり、街から出て冒険したりしたかったのでしょう。夕暮れになり提灯がいちばんきれいにかがやき出したころ、私たちはお寺に向かいました。

　すばらしい伝統的な建物を眺めていると、宣教師の友人がいろいろと質問をしてきました。お寺の入り口にある、威厳ある顔をした四天王の像の前では「どうして仏教徒は悪魔のような姿をした神を崇拝するの？」、仏像の前でお辞儀をしている人を見ては「どうして仏像にお辞儀をしているの？それは偶像崇拝じゃないの？」と。

　私はどう答えたらよいのかわからず、適当にごまかすことすらできませんでした。キリスト教の教えでは、神の意思を人間に伝える役目の大天使ミカエルとガブリエルが信者を

守っていて、おなじように仏教では四天王がお釈迦様の教え
を守護し、信者を守る意味があること。当時の私の知識では、
そのような説明まではできませんでした。さらに私は仏像の
意味も誤解していて、仏像には大きな力があり、信じて拝め
ば願い事を叶えてくれるものだと思っていたのです。こうし
て思い返してみると、自分がどれほど無知だったのかを思い
知らされます。

　大学で仏教を学びはじめ、宗教学を勉強するなかで仏教に
関する数々の書物を読みました。そのなかのひとつが、大乗
仏教の重要な経典「金剛般若経」でした。この経典が、真
のブッダに姿かたちはなく、目で見ることはできないことを
教えてくれました。つまり、ブッダとは悟りの境地に達した
心を意味し、特別な形も人間の姿もないのです。すべての生
きものに"仏性"＊が備わっているといわれていて、いちど悟
りをひらけば私たちもブッダとおなじなのです。仏像の前で
お辞儀はしますが、私たちが本来崇めているのは、いまここ
に見えない姿で存在している心の本質に対してなのです。

　僧侶になるための修行中、昔の禅師たちが書き残した書物
を読みながら、悟りの教えを学びました。たとえば「もし仏
像が神聖なものに見えるとしたら、その姿に神聖さがもとも

＊仏性：生きとし生けるものすべてが生まれながらに持っている仏になることが
できる性質

214

と宿っているからなのか、それとも私たちの心が、仏像を神聖なものだと判断するからなのだろうか？」というもの。仏像を見て拝みたくなる人もいれば、なにも感じない人もいます。真の神聖さは、仏像の石のなかに宿るのでしょうか、それとも神聖さを知っている心のなかに宿るのでしょうか。

　ある日、それまで学問として学んできたことを実践に移すチャンスが訪れました。偉大な禅師が率いる僧院で、瞑想の修行に参加することになったのです。そこでは禅師の教えだけに集中しようと決めていました。これまで書物でしか知らなかったことを、実際に段階を踏みながら体験していくうちに、ついに私の心は完全に空（＝無）となり、悟りの境地の第一歩を味わうことができたのです。

　悟りの境地を言葉で説明するのはむずかしいのですが、あえて言うならば、感覚的には静寂、平和、透明、自由、活動的、無重力、無限、壊されることのないもの。そこは“無”の境地で、一切の思考からも解放されています。自分のなかだけではなく、宇宙を含めたすべての場所に、完全に調和したものとして存在しているのです。悟りは神秘的なものでもほかの世界の話でもなく、いつも私たちのそばにあるもの。

　でも、あまりにも近くにあるから見過ごしてしまっているのです。たとえば、雲や雨をそのまま受け入れる“空”、すべての音の裏側にある“静けさ”、あらゆるものを映し出す“鏡”。どれも隠れてしまっているように見えて、実はいつもそこにあるもの。悟りの心は、姿形は見えなくても、いつ

でもだれにでもあるものなのです。こうしている、いまこの瞬間にも。

このような経験のあと、私の人生は思いがけない方向に進みました。執筆を通して、私の名が韓国で知られるようになったのです。仏教について教えてほしいと言われると、まだ勉強不足な部分がたくさんある自分を恥ずかしく感じました。そこで、瞑想のことをもっとしっかり学ぼうと、僧院に戻ることにしたのです。

僧院では、いっしょに修行をしたことのある仲間や、瞑想に人生を捧げた禅師と再会できて嬉しく思いました。その禅師から言われた言葉です。

「まだ菩薩行の第一段階に到達したばかりでも、あなたはきっと、仏教の教えをしっかり理解できるでしょう。でもあと９つもの段階を踏まないといけないのは、知識と行動のあいだには大きな溝があるからなのです。道ゆくひとが、あなたの思いやりにあふれたすばらしい行動を見て感動してくれたとき、ようやくその溝が埋まるのですよ」

　この世でいちばんむずかしいことは、知識を行動に移し、自分の言動を一致させること。知っていることと、実際にできているのかどうかは別ものなのです。私自身まだその溝は大きく、埋めることができていません。でもどんな状況であっても、つねにマインドフル、つまり“いま”に意識を向けて、思いやりの心を育てていきたいと思っています。時間はかかるかもしれませんが、一生をかけて、知識と行動の溝を埋める努力をすることを決心しました。

　お釈迦様の誕生日まで、あと１週間。ソウルの街をカラフルに彩る提灯は、学生のころと変わらず美しくかがやいています。

✴

あなたのからだは歳をとっても
心は歳を感じていないかもしれません。
それは、心はあなたの年齢を知らないから。
心はいつでも"永遠のいま"にあるのです。

✴

無限な宇宙の広さに対して
あなたの心はとても小さく
自分のなかに閉じ込められているように
感じることがありますか？
でも、宇宙のことを知っているということは
あなたの心も宇宙とおなじくらい広いということ。
心があなたのなかだけに存在するのなら
知識は制限され、外の世界のことはわからないはずです。
でもあなたは外の世界のことも知っています。
心はあなたのなかから抜け出して
あなたが思い描くところなら
どこへでも自由に行くことができるのです。

✴

意識が生まれる空間と
それに気づいている"こころ"はおなじ、ひとつのもの。

＊

すべてのことがうまくいっているとき
私たちはあまり瞑想をしません。
でも問題を抱えているときには
いままでよりも物事に注意を払い
"いま・ここ"に意識が集中するようになります。
困難は、マインドフルネスを上達させるために与えられた
神さまからのギフトなのです。

＊

瞑想は、特別な場所で行う必要はありません。
どんな場所であれ
こころがざわついたときが
マインドフルネスの練習をするのに
最適な場所になるのです。

＊

あなたが苦手な人ほど
あなたの心の奥を見せてくれるもの。
ある禅師の言葉です。
「自分のせいではないことで非難されたら
それは自分を知るための大きなチャンスです」

＊

精神だけを鍛えても
心の傷やトラウマを克服するのはむずかしいでしょう。
からだを動かすこと、ハイキングや水泳、ヨガなどと
心のカウンセリングを組み合わせるとより効果的です。
心の傷をそのままにして瞑想をはじめてしまうと
過去の記憶が前に進もうとしているあなたを
邪魔することがあるのです。

＊

はやく瞑想を上達させたいからといって
心とからだに負担をかけすぎないようにしましょう。
じゅうぶんな睡眠、バランスのとれた食事、
定期的な運動も大切な要素です。
長時間おなじ姿勢で座りつづけて
からだを痛めるのもよくありません。
心が安定してからだとのバランスが取れてくれば
自然と上達は早まるのです。

＊

悟りを求めてどんなに努力をしても
けっきょくそれはもともと
自分の手元にあったことに気づくもの。
おなじように、神の愛を求めて努力をしても
神はいつだってあなたを愛し
見放したことなどなかったことがわかるのです。

＊

悟りに達すると
宇宙のすべても悟りに達していることがわかります。
生きとし生けるものはすべて守られています。
私たちはみんながブッダであり
すべてはブッダの心のなかにあるのです。

＊

悟りの扉をひらくために必要なもの。
愛、静寂、受け入れること、いまこの瞬間、
生きている感覚、自覚、無心、
そしてすべてをゆだねること。

＊

悟りをひらいたからといって
すぐに完璧な人間になるわけではありません。
修行はつづき、とくに人間関係においては
新しく得た知識と自分の行動を一致させるように
努力しなければなりません。
悟りをひらいたら終わりなのではなく
そこからがはじまりなのです。

※

本当に悟りをひらいた人は
自分とおなじことをするように、とは教えません。
ほかにすばらしい先生がいたら
彼らからも学ぶよう、教えます。
教え子にとって大切なのは心の成長であり
教える側の力を見せつけられることではありません。
もし先生がまるで神のようにふるまい
それを楽しんでいるようなら、用心しましょう。

※

知性だけがあっても
感受性に乏しいと
苦しんでいる人の気持ちを
理解することができません。
感受性だけがあっても
見えない力を信じる心がなければ
苦しみに直面したときに希望を失って
打ちひしがれてしまうでしょう。
見えない力を信じる心だけがあっても
知性がなければカルト集団にはまってしまい
苦しむことになるでしょう。

✳

だれかが悟りをひらいたからといって
簡単にその人に引き込まれないようにしましょう。
悟りには"私"という自我がありません。
般若心経によれば
これ以上到達するものがないことを悟ったときに
私たちは解放されるもの。
ではこの悟りをひらこうとしている"私"とは
いったい何者なのでしょう？

✳

「厳密に言えば
悟りの境地に達した者がいるのではなく
悟りの境地に達するための修行があるということ」
鈴木　俊　隆　老師（アメリカに禅の教えを広めた日本人僧侶）

✳

宋王朝時代の禅師の言葉です。
「お寺には３つのタイプの僧侶がいます。
１人目は、禅堂で座禅を組んでいます。
２人目は、悟りの本質について討論しています。
３人目は、今日の食事のことをおしゃべりしています。
私はこのなかのだれでしょう？
この３人全員を好きな人はいますか？」

＊

「今日はなにもする気にならない」と感じたとき
あなたのマインドフルな心はすっかり消えてしまいます。
無気力な自分に屈しないようにしましょう。

＊

瞑想の練習をつづける必要があるのかどうか悩んだら
簡単に決める方法があります。
「まだ教わりたいことがありますか？」
もしあるのなら
もうすこし練習をつづけてみましょう。

＊

悟りをひらくというのは
長いあいだ知識として持っていたものを
自分で経験すること。
まだ悟りの境地に達していないのは
あなたがその道を知らないからではなく
それを経験したことがないから。
あなたが悟りをひらいた日
すばらしい先達が残してくれた言葉の意味がわかるでしょう。

✳

心がやすらいでいれば
月はかがやき
風はやさしくそよぐ。
そして気づくのだ。
この世はかならずしも
苦しみにあふれた海ではないと。
『菜根譚』（中国の古典）より

8章

受け入れること

ACCEPTANCE

悲しかったらがまんせずに
悲しんでいいのです。
苦しみから抜け出せずにいたら
その気持ちをだれかに話していいのです。
変えられないことを
どうにかしようとするから
苦しむのです。
すべてをそのまま受け入れたら
どんなことが起こるのか
様子を見てみましょう。

手放すとは

「もう忘れなよ」。こうアドバイスされても、実際どうしたらいいのか悩むものです。私はこれまでに、挫折から立ち直れずに苦しむ人や、夢をあきらめきれずに悩んでいる人たちに会ってきました。たとえばだれかにひどいことをされたら、そのことをできるだけ早く忘れたいと思うものでしょう。でもどうしても思い出してしまい、そのたびにいやな気持ちになるのです。

　また、一生懸命努力したのに、あと一歩のところでつまずくこともあるでしょう。するとそのことがいつまでも頭に残り、なにか新しいことをしようとしてもその記憶がよみがえるため、本来やるべきことに集中できなくなってしまうのです。

　過去の傷を黒板の文字を消すようにさっと消せればいいのですが、そうはいきません。忘れようとすればするほどその記憶は力を増してつきまといます。

忘れること、手放すことは、実はすべてを受け入れること
を意味します。ここで大事なのは、私たちを悩ませているの
は過去の出来事そのものではなく、それに付随している、後
悔、失望、怒り、フラストレーションといった感情だという
こと。この違いを見分けるのはむずかしいかもしれませんが、
過去の出来事と感情を切り離して考えることが大切です。

　過去の悔しい思い出や、傷ついた出来事を思い返してみて
ください。きっといまのほうがすこしは楽に感じるのではな
いでしょうか。その出来事にくっついていた感情が消えた、
もしくは軽くなったために、当時の感情と、いまの感情はお
なじものではなくなっているのです。過去に起きた出来事そ
のものが問題なのではありません。問題なのは、その記憶に
結びついた感情です。起きたことを無理に忘れようとする必
要も、なかったことにしようとする必要もないのです。そも
そも過去を消すことなんてできないのですから。

　では、なにかを手放したいときにはどうしたらよいので
しょう？　それは、ありのままの自分をすべて受け入れるこ
とです。もがき苦しんでいる自分を含めてすべてを受け入れ
ると、心はすこしずつ変化していきます。いやな感情をなん
とかしようとするから、さらに苦しくなるのです。ありのま
まの感情を受け入れると、心は抵抗をやめて静まります。気
持ちを無理に切り替えようとしたりコントロールするのでは
なく、ただそこにいさせてあげる。すると心はおだやかにな
り、まるで他人の感情を眺めるように、自分の感情をもっと

客観的に観察できるようになるのです。

　心が静まった状態で観察をつづけると、なにかの存在に気づくようになります。自分の感情をやさしく眺めている、愛にあふれた"なにか"。それを神もしくは偉大な存在と呼ぶ人もいるでしょう。いままでたったひとりでがんばってきたように感じるかもしれませんが、私たちをやさしく見守ってくれているその存在は、どんなときでもいっしょだったのです。つらいことがあったときに、その存在からの「いまはたいへんだろうけど、なにが起きても大丈夫」という声が聞こえる人もいるといいます。

　ここまでたどりつくと、自分と感情のあいだには、ある一定の距離があることがわかるようになります。感情と自分自身を切り離して考えられるようになり、どんな感情であっても自分の心に存在していいものとして、受け入れられるようになるのです。それまであなたの心を支配していた感情が、あたたかくて静かで広々とした空間に移動していく様子も見えてきます。感情自体は消えてはいませんが、あなたをこれまでのように悩ますことはなくなります。無理やりコントロールしようとしなくても、すこしずつ受け入れていくことで、心はおだやかになるのです。

　手放すことができずに悩んでいたら、まずはその感情に抵抗しないことです。その感情があることを許し、言葉におきかえたりせず、ただ観察してみましょう。やがて心はやすまり、ネガティブな感情が出てきても受け入れやすくなります。

そして、あなたの心のなかで起きていることを、やさしいまなざしで見つめている愛の存在に気づくことができるでしょう。

✳

気持ちが沈んでいるときは
無理をしないでください。
なんとかしようともがけばもがくほど
さらにつらくなるものです。
いやな気持ちは追い払おうとしても
あなたのなかに必要な時間だけとどまります。
その感情を認めて、ただ見つめるのです。
そうすれば、思ったよりもはやく消えていくでしょう。

✳

感情は、好きなときにやってきて
こちらがその存在を認めると、勝手に出ていきます。
感情はあなたのなかから生まれるものですが
"あなたのもの"ではありません。
だからあなたの言うことを
めったに聞いてくれないのです。

✳

ありのままの自分を受け入れたとき
ようやくあなたの心に平和が訪れます。
私たちは、自分以外のだれにもなることはできません。
そのままの自分を受け入れれば
まわりの人もあなたのことを
受け入れてくれるようになりますよ。

＊

孤独、怒り、悲しみ、失望といった
負の感情を受け入れることで
あなたはもっと強くなります。
知恵と勇気を手に入れて
つぎのステージへと成長していくのです。

＊

なにかに執着しているとき
「手放そう」と思っただけでは
手放すことはできません。
執着していることが自分を苦しめているとわかったときに
ようやく手放すことができるのです。

＊

他人の性格やふるまいが変わることを
強くのぞんでいるのだとしたら
それはあなた自身に不満があるからかもしれません。

✳

「本当に愛しているのなら、私のために変われるでしょう？」
愛する人にこんなことを言っているとしたら
それは愛ではありません。
相手を束縛したりコントロールしたりするのではなく
ありのままを受け入れて、自由にさせるのが本当の愛です。

✳

いろいろなことをがまんしすぎていると
知らず知らずのうちに、ほかの人もおなじように
がまんすべきだと思うようになります。
もうすこし自分を甘やかすことで
ほかの人のことも受け入れやすくなります。

✳

それまでちっとも気にならなかったことなのに
気にした途端にそれが問題に思えてくることがあります。
"問題"というレッテルを貼った瞬間から
本当にその通りになってしまうのです。

＊

「わるいのは向こうなのに
どうして私が変わらなければならないの？」
と言う人がいます。
でも、相手もおなじように
自分はわるくないのだから
変わる必要はないと思っているのではないでしょうか。
お互いに引き下がらなければ
状況は変わりません。
相手を説得して変えようとするよりも
あなた自身の態度を変えたほうがよっぽど早いのです。
あなたがすこし道を譲れば
きっと相手もおなじように譲ってくれるでしょう。

＊

苛立ちを感じたら
デール・カーネギーの言葉を思い出してください。
「そのうち忘れてしまうような小さなことに
いちいち思い悩むのはやめよう」
なにかにイライラしたら
1年前に苛立ったことを思い出してみてください。
いまでもおなじ気持ちになりますか？
きっと、そのときのことをすべて思い出すのは
むずかしいのではないでしょうか。

＊

途中であきらめたくなることもあるでしょう。
でも、たとえそれがどんなにたいへんでも
すこしだけ待ってみてください。
もうこれ以上無理だと思ったところで
ほんのすこしがまんしてみるのです。
いま投げ出せば
これまで積み上げてきたものが
すべて崩れてしまうかもしれません。
そうなればあなたはきっと一生後悔するでしょう。
たいへんなときに辛抱強く耐えること。
そこにあなたの本質が現れるのです。

＊

人生、いいこともあれば
わるいことも起こります。
いやなところがあるからといって
すべてを捨ててしまうと
いいところもおなじくらい
捨てられてしまうのです。

＊

だれかが高く評価された２秒後には
批判する人が現れるもの。

✳

どんなに幸せで健康であっても
完璧にはなれないようです。
大金が入ってきたら
お金のことで家族ともめるかもしれません。
地位や権力を得たら
それを利用しようとする人が現れるでしょう。
仕事で成功すれば
あなたを敵対視したり嫉妬したりする人が出てくるもの。
これが世の常であるということを
受け入れていきましょう。

✳

北風が強い冬の日は、外に出るのが億劫になります。
でも、その冷たい風が空気をきれいにしてくれます。
一見マイナスに見えるものでも
よく見れば、プラスの部分も兼ね備えているのです。

✳

「幸せの秘訣は
いい仕事を探し求めることではなく
いまある仕事を楽しむこと」
ヘイグワン和尚

＊

だれもが最初は
みんなが思う"成功"を求めて努力しますが
歳を重ねるにつれ
成功の意味は広がります。
新しいことを学ぶ、ボランティアをする、
友だちと時間を過ごす、心を鍛える、といったことのなかに
世間一般でいう成功とはべつの
幸せを見つけるようになるのです。

＊

たとえすべてを手に入れたとしても
もっとほしい、もっといいものがあるはずだと思っていたら
いつまでたっても幸せにはなれません。
幸せは、いまあるものをありがたいと思い
心が平和で満ち足りているときに
感じるものなのです。

✳

長年の夢が叶ったら
この先一生幸せだと思うかもしれません。
夢を実現させた自分のことを誇りに思い
しばらくは幸せな気分にひたれるでしょう。
でもそのうちに、心にポッカリ穴があいたような
喪失感におそわれることがあります。
夢を実現するまで幸せになれないと思い込んで
幸せを先送りにするのではなく
どんなに小さなことでも
いまこの瞬間に起きていることを楽しみましょう。
幸せを先送りにしているあいだにも
大切な時間はどんどん過ぎ去っているのですから。

頭で一生懸命考えるより
心がリラックスしているときほど
すばらしいアイディアが湧いてくるもの。
あなたが秘めている潜在的な力を信じて
いつもがんばっている心を
すこし休ませてあげましょう。

どん底からの学び

　昨年のはじめごろ、メジャーリーグ、テキサスレンジャーズのチュ・シンス選手から連絡を受けました。彼とは、私の最初の本『The Things You Can See Only When You Slow Down（立ち止まれば、見えてくるもの）』をきっかけに仲良くなり、ニューヨークで試合があるときには応援に行ったものです。

　この年の前半は思うようにヒットが打てず、スランプに陥っていました。チームの勝利のため、そしてファンをよろこばせるため、さまざまなプレッシャーに押しつぶされていたのです。おなじように海外にいる身として、現地でひとりがんばっている彼が心配になりました。彼は、スランプを乗りこえるために思いつくことはすべてやったけれど、それでも抜け出せないと言います。

　だれもが、なにをやってもうまくいかないという経験をし

たことがあるのではないでしょうか。私は最近、自分のからだのことで似たような経験をしました。冬にひどい風邪をひいたあと、なぜかのどの痛みだけがいつまでたっても治らなかったのです。塩水でうがいをしたり、病院でもらった薬を飲んだりしましたが、一向によくなりません。数ヶ月おなじ症状がつづいたあと、CTスキャンをとり、さらに鍼にも通いましたが痛みはつづき、だれに聞いても原因はわかりませんでした。

講演やSNS上でも似たような悩みの相談を受けます。一生懸命勉強しているのに成績が上がらない。何ヶ月も仕事のためだけに時間を費やしているのに、売り上げが思うように伸びない。人間関係をよくしようと努力しているのになにも変わらない。医者のアドバイスをすべて聞いているのに症状が変わらない。このような状況がつづけばフラストレーションがたまり、気持ちが落ち込むのは当然のことです。

こういうときに、お寺や教会に行って救いを求めることはできるでしょう。でも、お祈りをしたからといってすぐに状況が変わるわけではありません。「努力しつづければ、そのうちよくなりますよ」といったアドバイスをもらったところで、心は休まらないのです。では、いったいどうしたらよいのでしょう？

まずは一歩さがって、全体を俯瞰して見ることです。海は荒れている日もあれば、おだやかな日もあります。太陽がか

がやいている日もあれば、はげしい雨の日もあります。どうして私たちは、晴れた日を基準とし、雨が降ると邪魔をされたと思うのでしょうか？　なぜいつも晴れていなければならないのでしょう。

　人生を長い道にたとえたら、でこぼこ道もその一部。人生の浮き沈みをいちいち気にするのではなく、どちらもおなじものという考え方を身につけなければなりません。停滞した状態は、波と波のあいだにある谷間のようなもので、高く上がるための力をためているとき。低い谷の部分があるからこそ、私たちは高く上がることができるのです。どん底まで沈んだ経験があるから、いままでの傲慢さを見直し、謙虚さを身につけ、あらたな知恵を手に入れことができるのです。

　また、逆境を思いやりの心を育てるチャンスにすることも大切です。物事がうまくいっているときには、すべては自分の努力や才能のおかげだと思いがちです。そして、自分と比べて仕事や対人関係がうまくいっていない人を見ると、その人に原因があるのではないかと思ってしまうのです。対人関係で悩んでいる人なら、その人の性格に問題があるのではないか。仕事でなかなか昇進しない人なら、きっと努力が足りないのだろう。そんなふうに勝手に推測してしまいます。でもこの世はもっと複雑にからまり合っていて、一見関係がないように見えることでも、どこかでつながっています。いったいどうしたら、すべてたったひとりのせいだと言えるのでしょう。どんなにがんばっても、変えられないこともあるの

ではないでしょうか。私たちはみんな、それぞれが置かれた環境も、状況も違うのです。

　意思の力だけではどうにもできないこともあります。あなたとおなじくらい努力をしても、どうしてもその状況を変えることができない人もいるでしょう。どん底での経験を、あなたとおなじように苦しんでいる人たちを思いやる気持ちを育てるきっかけにしてください。

　韓国人初のメジャーリーガー、パク・チャンホ投手がこんな話をしてくれました。
「スランプであろうと絶好調であろうと、ファンの声援が聞こえてこようとヤジが飛んでこようと、コントロールできるのはたったひとつ、自分が投げるボールだけなんだ。1回投げただけのボールでは、あまり大きなことは起こせないかもしれない。でも、ボールを投げつづけていれば、大きな変化をもたらすことができるんだ」

　どんなに小さな努力でも、それが無駄になることは決してありません。猛烈な嵐もかならずいつか過ぎ去ります。コツコツと努力を積み重ねていけば、ふたたび太陽を見ることができるのです。

　いまこうして文章を書いている最中に、チュ・シンス選手が連勝中だというニュースが流れてきました。

　私たちにもきっとできるのです。いっしょにがんばりましょう！

＊

人生はまるで織物のように
称賛と批判、よろこびと悲しみ、勝利と敗北、
快楽と苦痛が織り合わさっています。
どんなにつらいときでも
心を“いま・ここ”に置き
すべてをやさしく受け入れましょう。

＊

夜が永遠につづくように思えても
あるときから、昼の時間が長くなっていきます。
苦しみが永遠につづくように思えても
あるときから、すこしずつ楽になり
受け入れられるようになっていきます。
そのあいだに、あなたは苦しみから
とても大切なことを学んでいるのです。
この世に永遠につづくものなどありません。
たとえそれが、どんなにつらいことであったとしても。

＊

逆境は、成長するチャンス。
困難を乗りこえるために努力するから
自分の才能を伸ばしたり
忍耐力を鍛えることができるのです。

✻

人生という旅で出会う苦難は
これまでの人生を見直すきっかけを与えてくれます。
そして自分とおなじような境遇にいる人のことも
理解できるようになるのです。
いまの苦しみも、あなたのなかに思いやりの心を育て
あらたな知恵を授けてくれるでしょう。

✻

「信頼していた人からひどく裏切られたとしても
その人のことを偉大な師だと思える自分でありたい」
ダライ・ラマ法王

✻

言葉と行動が一致していない。
これはだれにでも当てはまること。
私たちは相手によって話の内容を変えることもあれば
他人には親切なのに
家族にはやさしくなれないこともあります。
成長のための第一歩は
自分の行動をふりかえり
自分の欠点に気づくことです。

＊

心の成長に必要なのは
自分のいちばん嫌いな部分と向き合い
それを認めること。
自分勝手な自分、欲ばりな自分、感情的な自分。
すべてを受け入れたら
人の気持ちも理解できるようになります。
そして人の欠点も許せるようになるのです。

＊

自分の力だけで成し遂げたと思っていた人も
成長すればするほど
まわりの人たちの力添えのおかげであることに
気づくようになります。
その人たちに深い感謝の気持ちを伝えたとき
つぎの成功がやってくるのです。

＊

あなたが幸せで満たされていたら
権力、名声、お金を持った人にこびることなく
自信を持って堂々としていられるでしょう。
相手からなにかを欲しがると
へつらうようになるのです。

＊

貪欲の反対は禁欲ではなく
足るを知ること。

＊

批判や非難の声は、応援の声よりも大きく聞こえます。
とくに気持ちが落ち込んでいるときには
その声援はかき消されてしまうのです。
でも、どうか耳をふさがないでください。
批判していた人たちは
やがて別の人を批判するためにいなくなります。
そして、あなたのうしろで
ずっと応援してくれていた人たちの声が
ふたたび聞こえてくるようになるのです。

＊

9ついいことがあったとしても
1つでもわるいことが起これば
そのことばかりが気になってしまうもの。
これは原始時代から残る私たちの習慣。
祖先は太古のむかし、危険から身を守るために
つねにまわりを警戒していなければならなかったのです。
わるいことばかり考えてしまうときは、こう言いましょう。
「もうそんな時代はとっくに終わったよ。
いまから心配していないで、それが本当に起きたら
そのときに考えようよ」

私たちがいちばん恐れていることのひとつは
自分をさらけ出したときに
相手から拒絶されること。
たとえ仲のよい友だちにも
完全に心をひらくのはむずかしいものです。
自分をさらけ出せずに
心の重石をひとりで抱えているから
そのつらさはどんどん重さを増していきます。
だれかが完全に心をひらいてくれたら
ありのままのその人をやさしく受けとめましょう。
私たちはだれもが完璧ではないのですから。

✳

よほどのことが起こらないかぎり
運転している人にあれこれ口出しするのはやめましょう。
運転の仕方はみんな違うもの。
その人に気分よく運転してもらいながら
目的地につくまで楽しい会話をつづければ
みんながいい時間を過ごすことができるのです。

＊

自分のやり方だけが正しいと思っている人がよくいます。
だれかが別のやり方をしていたらすぐにやってきて
それは間違っていると指摘するのです。
でも、その人が間違っているのではなく
自分がそのやり方を知らないだけなのかもしれません。
いつもと違うやり方でやってみたら
そこに新しい世界がひらけるかもしれませんよ。

＊

相手のやり方に
イライラしてしまうことがありますか？
その人にはその人なりの
やり方があるのかもしれません。
それを無視して
自分の考えを押しつけるのはやめましょう。
相手から見たら、あなたのほうが
間違っているのかもしれないのですから。

＊

今日やるべきことを先送りしてしまうから
つらくなるのです。
後回しにしてきたことを
今日の何時にやるのか決めて
その時間がきたら言い訳をせずに
やってしまいましょう。

＊

やるかやらないかで悩んだら
自分に問いかけてみましょう。
「もしやらなかったら、どういう気分になるだろうか」
気分が重くなるのなら
それはやったほうがいいということ。
しっかり決めておかないと
言い訳をする時間だけが
無駄に過ぎていってしまいます。

＊

私は読みたいと思った本を見つけたら
とりあえず買うことにしています。
すぐに読まなくてもいいのです。
本棚にさえあれば、いつでも読めますから。
たとえ長編小説でも、むずかしい哲学の本でも
そのときがきたら楽しめばいいのです。

＊

唐突に僧侶に瞑想を教えてほしいと頼むのは
コメディアンにその場で笑わせてほしいと
お願いするようなもの。
とはいうものの
いつでもなにかしらの教えを話せるように
準備しておかなければなりません。

＊

「花がしおれたとき
太陽がしずんだとき
愛する人が天に召されたとき
深い悲しみのなかでも
私たちはこの世で起こることを理解し
すべてを受け入れるための知恵を授かります。
そして、自分と他人のどちらも許すための
謙虚さを身につけるのです」
シスター・クローディア・リー・ヘイン『A Small Prayer』より

＊

私のささやかな言葉が
あなたの心に灯る小さな癒やしの光となり
絶え間なくかがやきつづけることを願います。
このきびしい世の中で
その光がやさしい笑顔をもたらしますように。
そして、いま苦しんでいる人たちを
あたたかく包み込みますように。
私たちはだれもが完璧ではなく
この世の中も完璧ではありません。
それでも、みんながあたたかい思いやりを
持ちつづけていくことができる
そんな世の中でありますように。

合掌
ヘミン・スニム

訳者あとがき

　この本を手に取ってくださったあなたに心から感謝いたします。

　ヘミン和尚はいつも笑顔でまわりを和ませ、自分の失敗談も笑い話にして語る方。等身大で話してくれるからこそ、親しみやすく、彼の言葉は多くの人に響くのでしょう。この本でくりかえし登場するのが、思いやりの心を持つこと、受け入れることの大切さです。傷ついた経験があるから相手の気持ちがわかる、自分に欠点があるから人の欠点も受け入れることができるのだと。

　私自身の経験からも言えることですが、このような謙虚な姿勢は、人間関係を円滑にするためにもとても大切です。かつて国際結婚をしてヨーロッパでのビジネスも軌道に乗っていたころ、私は非常に傲慢になっていました。すべてうまくいくのがあたりまえだと思っていたからです。でも離婚後、積み上げてきた財産をすべて失くし、摂食障害が続いた数年間は本当に苦しいものでした。当時は生きるのがいやになり、毎朝目が覚めるたびにがっかりしたものです。そんなどん底の私を、数々の本が救ってくれました。自己啓発、心理学、脳と体の関係、古今東西さまざまな先達の教えなどをとにかく読みあさり、何事も心のありようひとつで決まること、そして謙虚になることの大切さも身に染みてわかるようになったのです。この経験は私の人生を見直すきっかけとなり、今のコーチングの仕事にも繋がっています。

　この本には、生きやすくなるためのヒントがあふれています。あなたの完璧でない部分は素敵な個性。あなたはこの世にたったひとりしかいないかけがえのない存在だから、どうか自分を大切にしてください。そして愛する人との時間も。この本を読みながら、あなたの心の重石が少しでもとれて、気持ちが軽くなったり明るく前向きな気持ちになったりしてもらえたら、とても嬉しく思います。

　最後に、出版にあたりご協力いただいたすべての皆様と、そのご縁に心から感謝申し上げます。

おおせこ のりこ

©Sehyen Jo

著者｜ヘミン・スニム（ヘミン和尚）
1973年生まれ。韓国の僧侶、教師、作家。アメリカのバークレー大学、ハーバード大学、プリンストン大学で学んだのち、韓国に戻って修行をし、マサチューセッツにあるハンプシャーカレッジで仏教学の教鞭をとる。ソウルに開校した「The School for Broken Hearts」は恋愛、結婚・離婚、病気、孤独、家族崩壊など、今の時代を生きるうえで困難を感じている人たちのためのスクールで、宗教に関係なく誰でも参加でき、教師や心理学者が集まってサポートしている。第一作の『The Things You Can See Only When You Slow Down』は世界で30以上もの言語に翻訳されている。世界でもっとも影響力のある禅僧のひとりであり、SNSのフォロワーは世界中で150万人以上。
www.haeminsunim.com

翻訳｜おおせこ のりこ（大迫徳子）／ RicoBel
1974年千葉県生まれ。青山学院大学卒業。2000年にベルギーで現地法人を立ち上げ、雑貨輸出入業、絵本翻訳、B&B経営、アロマセラピー、テレビ番組出演＆コーディネートなど多岐にわたるビジネスを展開。フランス人絵本作家アラン・グレのイラストの独占ライセンスを保有。2018年に帰国。ゼロからの再出発など多くの困難を乗りこえた自身の経験を生かし、心に優しく寄り添うコーチング、自営業者向けのコンサルティングなども行っている。訳書に『アラン・グレのメッセージブック』（アノニマ・スタジオ）ほか。ricobel.com

イラスト｜リスク・フェン（Lisk Feng）
中国出身のイラストレーター、ニューヨーク在住。数々の受賞歴があり、その作品は「The New Yorker」、「The New York Times」、「Washington Post」など多くの出版物や企業広告に使用されている。2017年にはあらゆるジャンルのアーティストのなかからArt Directors Clubの「Young Guns 15」のひとりに選ばれた。

日本語版デザイン | 佐藤温志
日本語版編集 | 浅井文子（アノニマ・スタジオ）

完璧になれない。だからいい
心が軽くなるヘミン和尚のことば

2020年10月2日　初版第1刷　発行

著者　　ヘミン・スニム
訳者　　おおせこ のりこ
発行人　前田哲次
編集人　谷口博文
　　　　アノニマ・スタジオ
　　　　〒111-0051 東京都台東区蔵前2-14-14　2F
　　　　TEL 03-6699-1064
　　　　FAX 03-6699-1070
発行　　KTC中央出版
　　　　〒111-0051 東京都台東区蔵前2-14-14　2F
印刷・
製本　　シナノ書籍印刷株式会社

内容に関するお問い合わせ、ご注文などはすべて上記アノニマ・スタジオまでお願いいたします。
乱丁本、落丁本はお取り替えいたします。本書の内容を無断で転載、複製、複写、放送、データ
配信などをすることは、かたくお断りいたします。

©2020 Noriko Oseko, anonima-studio, printed in Japan
ISBN：978-4-87758-812-0　C0098
定価 本体1700円（税別）